구속사
성경해석과 설교

- 레위기 -

INTERPRETATION REDEMPTIVE HISTORICAL
AND PREACHING OF THE SCRIPTURE

구속사성경신학연구원

하늘
기획

구속사
성경해석과 설교

- 레위기 -

INTERPRETATION REDEMPTIVE HISTORICAL
AND PREACHING OF THE SCRIPTURE

구속사성경신학연구원

너희가 성경에서 영생을 얻는 줄 생각하고
성경을 연구하거니와 이 성경이 곧 내게 대하여
증언하는 것이니라 (요한복음 5:39)

Search the scriptures; for in them ye think
ye have eternal life: and they are they
which testify of me.

책을 열며

　우리 기독교는 성경이 교회의 설립과 존립, 성도의 신앙과 생활의 유일한 법칙이라는 신조 위에 서 있다. 성경은 교회 존립의 유일한 터전이며, 성도의 신앙과 생활의 표준이다. 왜 성경이 교회와 성도들의 신앙과 생활의 표준이 되는가? 성경 그 자체의 권위 때문이다. 성경은 사람의 글이지만 하나님의 감동으로 된 계시다. 성경만 하나님의 성언(聖言)계시라는 그 자체에서 벌써 그 권위가 드러난다. 또한 성경의 권위가 해석이라는 중계를 통해서 그 본문이 케리그마(Kerygma)로 선포될 때 말씀의 권위가 세워진다.

　이 세상의 모든 것에는 그 창조된 것에 대한 원리·원칙이 있다. 이를 가리켜 창조의 질서와 조화라고 한다. 성경에도 성경을 풀이하고 해석하는 원리와 원칙이 있다. 하나님께서 무엇 때문에, 무엇을 드러나게 하시려고 성경 저자들로 하여금 성령님의 감동 가운데 자기의 뜻을 알리셨는가? 과연 성경 계시의 원리·원칙은 무엇인가? 예수 그리스도의 구속사이다. 왜 그리스도의 구속사인가? 구약성경은 오실 메시아의 언약과 선지자들의 예언으로 성경을 기록하였고, 그 성경 안에서 하나님의 영광과 인류 구원을 성취하시려고 오시는 예수 그리스도를 알리셨다. 이것이 구약성경의 구속사이다.

　신약성경은 언약되고 예언된 그대로 세상에 오셨고, 하나님의 영광과 인간 구원을 자기의 구속으로 이루신 그리스도를 선포한다. 또한 그리스도께서 다시 오신다는 재림신앙으로 사도들과 전도자들은 오직 십자가와 부활의 구속사를 증언하였다.

저자는 이미 2007년 8월부터 2015년 말까지 약 9년 동안 신약성경 전체를 우리 주 예수 그리스도의 구속사로만 주석하여 한국교회에 내 놓은 바 있다. 그 신약성경 주석의 머리말에서 '왜 구속사로만 성경을 해석하고 설교해야만 하는가?' 하는 당위성에 대해 논지한 바 있다. 그것이 바로 성령 하나님께서 선지자들과 사도들, 그리고 예언자들로 말미암아 성경을 기록하도록 하신 목적이기 때문이다. 이 주제에 관해서는 저자의 신약성경 주석의 머리말(序文)을 깊이 참조하기 바란다.

신약성경 주해서가 완필되었으니 지금부터는 구약성경도 구속사로 주석하려고 한다. 그러나 이번에는 신약 주석에서 여러 번 언급한 대로 구약성경에서 우리 목회자들이 가장 많이 설교하는 본문만 특별히 선정하여 본문 해석과 함께 설교문을 작성하려고 한다. 더불어 구약성경 해석과 설교문이 다 작성 되고 그 후에도 저자에게 우리 주님께서 세월의 여백(餘白)을 주신다면 신약성경도 중요한 본문을 구속사 설교문으로 쓰려고 한다.

그러나 국내외적으로 어느 누구도 하지 않는 구속사 주석과 설교문을 쓴다는 것은 워낙 천학비재(淺學菲才)한 저자에겐 너무도 벅차고 힘든 일이다. 이제 저자도 황혼 녘에 서 있다. 과연 이 시점에서 앞으로 얼마나 더 쓸지 나도 알 수 없다. 다만 나의 사랑하고 경외하는 그리스도께서 내게 건강을 주시고, 생명을 주시는 그 시간까지 계속 집필하고자 한다.

사랑하고 존경하는 우리 독자들,

소제(小弟)와 함께 우리 한국교회가 성경해석도, 설교도, 가르침도 오직 우리 주 예수 그리스도의 십자가 보혈과 다시 사신 부활의 구속사로만 할 수 있는 그때가 오기를 간절히 바라마지 않는다.

말씀 연구에 깊이 빠져 헤어 나올 줄 모르는 이 종을 위해 만만치 않은 가정사를 묵묵히 감당해 주고 있는 아내와 아들 내외 그리고 두 딸의 희생에 미안함과 깊은 고마움을 전한다.

아울러 금번 여름, 창세기·출애굽기에 이어 레위기까지 구속사 성경 해석과 설교문으로 출판될 수 있도록 수고하신 이사장 김동형 목사, 서기장 원태경 목사, 사무총장 김동천 목사, 출판국장 유석희 목사, 출판위원 박찬영 목사 외 여러 회원들께 감사를 표한다. 모든 영광을 주께 올리며.

2019년 9월 20일

나를 데리러 오실 주님을 기다리고 사모하며
구속사성경신학연구원
원장 이 준 일

목 차

책을 열며…

1부 성경 해석과 설교_13

2부 레위기 _55

서론

제 1강   **번제에 관한 규례** _(레 1장)_ 66

제 2강   **소제에 관한 규례** _(레 2장)_ 73

제 3강   **화목제에 관한 규례** _(레 3장)_ 79

구속사 설교   ◈ 화목 제물이 되신 예수 ◈ _83

제 4강   **속죄제에 관한 규례** _(레 4장)_ 87

구속사 설교   ◈ 진 바깥에 버려진 제물 ◈ _93

제 5강 **속죄제와 속건제의 규례** _ (레 5장)_ 97

제 6강 **속건제와 각 예물의 보충 규례** _ (레 6장~7장)_ 103

구속사 설교 ◈ 제단 위의 불 ◈ _ 108

제 7강 **예물의 보충 규례와 제사장의 몫** _ (레 7장)_ 112

제 8강 **제사장 위임식** _ (레 8장, 출 29:1~37)_ 121

제 9강 **제사장의 직무** _ (레 9장)_ 127

제 10강 **제사장의 징벌** _ (레 10장, 삼하 6:1~11)_ 132

구속사 설교 ◈ 제사장 나답과 아비후의 교훈 ◈ _ 139

제 11강 **정결한 짐승과 부정한 짐승**

_ (레 11장, 신 14:3~21, 행 15:12~29)_ 143

제 12강 **출산의 정결 규례** _ (레 12장)_ 149

제 13강 **나병의 결례법** _ (레 13~14장, 민 12:9~16)_ 152

제 14강 **유출병의 결례법** _ (레 15장, 민 5:1~4)_ 158

제 15강　**대 속죄일 제사 규례** _(레 16장, 23:26~32, 민 29:7~11)_ **163**

　　　　　구속사 설교　◈ 대 속죄일과 그리스도의 대 속죄 ◈ _ 167

제 16강　**제사의 성화** _(레 17장, 신 12:5~6, 13~15, 21절)_ **170**

　　　　　구속사 설교　◈ 예수 그리스도의 피 ◈ _ 175

제 17강　**가나안의 타락한 성 문화와 도덕** _(레 18장, 20:10~21)_ **179**

제 18강　**구속사 백성의 성화** _(레 19장, 출 20:1~21)_ **185**

제 19강　**가증한 범죄자의 처벌** _(레 20장, 겔 5:5~17, 23:36~49)_ **190**

　　　　　구속사 설교　◈ 가나안 족속의 신관(神觀) ◈ _ 196

제 20강　**제사장의 성화, 대제사장의 거룩한 생활**

　　　　　_(레 21장, 겔 24:16~17, 44:20~27)_ **202**

제 21강　**제물의 성화** _(레 22장, 11:24~47, 15:1~33)_ **208**

　　　　　구속사 설교　◈ 천국잔치에 참여할 자 ◈ _ 212

제 22강　**제사의 성화** _(레 23장, 민 28장, 29장)_ **215**

구속사 설교 ◈ 초실절, 맥추절, 추수감사절 ◈ _ 229

제 23강 **성물의 관리와 신성 모독자 처벌** _ (레 24장)_ 233

제 24강 **안식년과 희년의 구속사** _ (레 25장, 신 15:1~118)_ 241

구속사 설교 ◈ 희년의 구속사 ◈ _ 249

제 25강 **율법 순종의 축복과 불순종의 저주** _ (레 26장, 신 28:1~68)_ 254

제 26강 **서원과 십일조 규례** _ (레 27장, 민 30:1~16)_ 260

구속사 설교 ◈ 십일조의 유래 ◈ _ 266

구속사 설교 ◈ 십일조의 구속사 ◈ _ 269

구속사 성경해석과 설교

1부 성경해석과 설교

1부 성경해석과 설교

기독교는 설교의 종교이다. 기독교가 참으로 기독교다워지고 교회가 참으로 교회다워지기 위해서는 언제나 성경에 기록된 그대로 설교하는 것이 중요하다. 하나님께 드리는 예배 순서는 다섯 가지인데 ①고백 ②기도 ③찬미 ④설교 ⑤봉헌이다. 이 5대 예배의 요소 중에서도 가장 중요한 요소는 말씀 선포인 설교이다. 설교 없이는 선교도 없고, 설교 없이는 구원도 없다. 종교 개혁자들(Luther, Calvin, Zwingly)은 교회 표식을 세 가지로 보았는데 ①설교 ②성찬 ③교회의 권징이다.

설교의 용어에는 Sermon과 Preaching이 있다. Sermon은 라틴어의 Sermo에서 나온 것으로 본래는 "담화"나 "연설"(formal address)로 이해되고 있었다. 근대에 이르러서는 교회 예배의 중심 요소인 설교로 일반화되고 있다. 그러나 Preaching은 설교라기보다 "설교하는 행위"를 가리킨다. 헬라어의 ὁμιλία(호밀리아)에 번역으로 "말씀의 선포"나 "복음의 증언"을 가리키기 때문이다. 원래 Preach라는 말 자체는 라틴어의 predico에서 나왔는데 그 뜻은 "예언하다, 선포하다, 증언하다, 설교하다, 찬양하다"는 뜻을 가지고 있다.

설교의 근원은 무엇인가? 성경 66권이다. 교회의 근원이 예수 그리스도이듯 설교의 근원은 성경이다. 성경이 없이는 설교가 있을 수 없고, 성경 본문에서 나오지 않은 것은 아무리 유창한 설교라도, 연설과 강연이 될 뿐이다. 성경에서 어떻게 설교가 나올 수 있는가? 해석이라는 과정을 통해 설교가 나온다.

세상 사람들의 강연과 연설은 교회예배의 설교와는 전혀 다르다. 강연과 연설은 성경 없이도 연설자의 이성적인 지식과 삶의 철학에서 나오지만, 기독교의 설교, 즉 말씀 선포는 오직 성경이 그 근원이고, 그것을 해석하여 그대로 전하는 것이 설교다.

그렇기 때문에 참설교와 거짓설교의 차이는 분명하다. 전자는 오직 성경에 기록된 말씀(구속사)만 전하는 것이요, 후자는 자기 사상과 생각 그리고 생활 경험만 전하는 것이다. 양질의 위대한 설교를 하기 위해서는 설교 본문 내용을 바르고 정확하게 해석할 수 있어야 한다. 그러기 위해서는 영어, 히브리어, 헬라어가 기본이 돼야 하고 신학 연구도 월등해야 한다. 더구나 뛰어난 주석서, 해석서도 많이 숙독해야 한다.

I. 성경의 해석

성경 해석학은 시작은 있어도 끝이 없고, 입학은 있어도 졸업은 없다. 그러므로 성경 해석학은 일생을 다해 날마다 연구해야 한다. 외람된 말이지만 저자는 지난 40년 동안 신·구약성경에 나타난 그리스도의 십자가와 부활의 중심인 구속사를 인생 황혼 녘에 이르도록 불철주야 연구해 왔다. 그래도 성경 속에 파묻힌 구속사는 아무리 파헤쳐낼지라도 다함이 없고 도대체 그 끝을 발견할 수가 없다. 그러므로 우리는 이 진리의 보고를 주신 아버지 하나님께 깊이 감사하며 자기의 구속으로 아버지께 영광 돌리며 인류 구속을 완성하신 우리 주 예수 그리스도 앞에서 겸손해야 한다. 다만 엎드려 지혜를 간구할 뿐이다.

1. 해석학의 의미

"해석학"이란 영어로 Hermeneutics이며, 어근은 헬라어 ἑρμηνεύω(헤르메뉴오)에서 왔다. 명사는 ἑρμηνεία(헤르메네이아)이고, 동사는 ἑρμηνεύω(헤르메뉴오)로, "해석한다"(to interpret) "설명한다"(to explain)이다. 그래서 월터 바우어(Walter Bauer)는 이 단어의 의미를 "해석하다"(explain, interpret), "선포하다"(proclaim), "번역하다"(translate)로 설정하였다. 그렇게 본다면 성경 해석학의 용어는 Biblical Hermeneutics으로나 Biblical Interpretation가 된다. 그러나 성경적 용어를 따라 Scriptura

Interpretation이 가장 바른 용어이다. 성경 해석학에는 본문 해석의 원리, 해석의 방법, 해석의 법칙 등이 속한다. 성경 해석을 어떤 방법과 어떤 원리에서 어떤 법칙으로 하느냐에 따라 강단에서 전하는 목사의 설교도 달라진다. 따라서 성경 해석학은 석의(exegesis)와 밀접한 관계를 가진다.

2. 주석의 정의

주석은 Exegesis나 Commentary이다. 일반적으로 Exegesis는 성경을 주석하는 행위를 가리키고, Commentary는 주석 책을 가리킨다. Exegesis의 어근은 헬라어 ἐξήγησις(엑세게시스)에서 왔다. 단어의 뜻은 "설명하다, 이끌어내다, 인도해내다"(a leading out)이다. 주석의 정의는 한 단어, 한 구절을 설명하며 자구적(字句的·Terms)으로 풀어 가는 것을 가리킨다. 주석은 글자 하나하나, 용어 한 개씩을 해석해 나가기 때문에 뜻을 깊이 하는데 큰 지식을 준다. 주석은 개혁자들의 성경 해석 방법이다.

3. 주해의 정의

주해는 주석이나 강해와 같은 의미로도 사용될 수 있다. 주석의 의미가 글자 하나하나를, 한 구절 한 구절 해석하면서 그 뜻을 찾아내는 것이라면, 주해는 한 단어나 한 구절뿐만 아니라 한 본문 전체를 한 문장(장르)으로 해석하면서 저자가 말하고자 하는 그 의미를 찾는다. 외국 해석학으로 본다면 렌스키(Lenski)나 핸드릭슨

(Hendrickson)이 주석에 가깝고, 바클레이(Barclay)나 메튜헨리 (Mattew Henry)는 주해에 가깝다. 주해는 사도들의 성경 해석 방법이다.

4. 강해의 정의

강해는 영어로 Exposition이다. 그래서 강해설교를 Expository Preaching이라고 한다. 강해설교의 방법은 주석이나 주해를 가리지 않는데 성경 본문이 오늘날 우리에게 어떤 의미를 주는지 찾는 것이다. 강해는 성경 본문이나 구절, 또는 단어 하나도 왜곡시키지 않으면서, 그 시대의 성경 본문이나 구절이 오늘을 살고 있는 나에게 어떤 말씀으로 다가 오는가에 집중한다.

강해의 생명은 적용(適用 · application)에 있다. 성경 저자의 시대가 내게 현실화되는 것이다. 그렇기 때문에 강해는 성경 본문, 구절, 자구 해석의 유용성보다는 오히려 설교에 더 큰 유용성이 있다. 성경 저자 기록의 시대를 뛰어 넘어 작금의 시대를 살고 있는 우리에게 깊이 다가와 구원을 주시고, 문제를 해결해 주시고, 영적 교훈도 주시고, 생활의 지표도 가르쳐 주시기 때문이다. 이렇게 강해적으로 성경을 해석하고 강해가 된 본문으로 설교가 될 때는 수백, 수천 년 전의 옛날 성경 말씀이 아니라 지금도 살아 있는 내 말씀이 된다. 이 강해의 정의는 다시 한 번 강해설교란, 에서 재론된다.

Ⅱ. 성경의 설교

성경은 모든 설교의 근원·근본이다. 어떤 설교라도 반드시 성경에서 나와야 한다. 그러므로 설교도 성경신학의 한 분야이다. 이를 신학적 용어로 설교학(Homiletics)이라고 한다.

중세까지만 해도 설교 신학을 설교 방법이라고 하여 ars prea-dicandi 또는 pradicatoria로 쓰거나 "강론법"이란 의미에서 ars concionan di라고 하였다. 그러다가 종교개혁 때는 많은 개혁주의적 설교학자들이 생겨나 설교학을 가리켜 '교회적 수사학' 또는 '거룩한 수사학'이라고 하여 Rhetoriaca Eccleriasiastica 또는 Rhetorica sacra라고 썼다. 그러다가 17세기 후반에 설교학파가 생기면서 설교학을 Homiletiek(ὁμιλητική)라 쓰고 현재에는 신학의 한 과목으로 설정되었다.

Homiletiek란 용어는 본래 헬라어 ὁμιλία(호밀리아)에서 파생되었다. 주후 4세기 후부터 크리소스톰(Chrysostom)이나 바실리우스(Basilius)에 의해 설교라는 뜻으로 쓰여지기 시작했다. ὁμιλία(호밀리아)는 신약성경 고린도전서 15:33에 한 번 나오며, 그 동사형 ὁμιλέω(호밀레오)는 누가복음 24:14, 15; 사도행전 20:11; 24:26에 나타난다. 성경적 의미로는 ὁμιλέω(호밀레오)는 "같이 이야기하다", "함께 말하다"라는 뜻과 더불어 "함께 온다"(samen komst), "만나다"(ontmoeting)의 뜻을 가지며, 명사로 교제, 친교를 의미한다. 그래서 카이퍼(Kuyper)는 "설교란 하나님과 그의 백성들이 실제로 만나도록 하는 것"이라고 했다(A. Kuyper, "de antmo eting tusschen God en zijm volk realiseerende", 488).

설교의 정의는 "설교자가 청중들로 하여금 주 예수 그리스도를 성령 안에서 만나 주와 그리스도로 고백하게 함으로 구원받아 하나님의 자녀가 되게 하여 성삼위 하나님께 영광 돌리게 하는 중개자(仲介者 · inter-mediation)"이다.

설교학의 어근인 ὁμιλία(호밀리아)는 본래 설교뿐만 아니라 "성도들의 모임"이나 "친교"의 의미로도 사용된다. 교회에서 설교해야 할 이유는 ①구속사의 진리 복음을 듣게 함으로 구원받게 하여 하나님께 영광 돌리게 하는 것과 ②말씀으로 함께 하나님의 자녀가 되고 그리스도의 권속된 자들이 그리스도 예수 안에서 신령한 교제를 갖도록 하는데 있다. 그래서 예수님께서는 "두세 사람이 내 이름으로 모인 곳에는 나도 그들 중에 있느니라"고 하셨다(마 18:20).

이렇게 설교학의 어근인 ὁμιλία(호밀리아)가 듣고 믿는 자들을 복음으로 구원시키는 구원 방법이라면, 과연 어떤 설교가 죄 많은 인생에 죄사함을 주고 구원에 이르게 하는가? 오직 주 예수 그리스도의 십자가 보혈만이 인간의 죄를 사하시고, 다시 사신 부활만이 인간에게 영생을 주신다. 이 복음이 바로 구속사 진리 복음이다. 교회의 친교, 성도의 교제가 또한 ὁμιλία(호밀리아)라면 세속적 사귐과는 다르다. 오직 예수님의 십자가와 부활, 구속사적 친교는 가장 거룩하고 신령한 교제이다. 설교는 설교자의 경험담이나 지식의 이성주의가 아니다. 하나님의 말씀에 따라 언약과 예언으로 계시된 주 예수 그리스도의 구속사 진리 복음만이 설교자의 입에서 선포될 때 비로소 참 설교가 된다. 이 때 설교자는 오직 구속사 말씀 증거의 도구일 뿐이다.

1. 설교의 방법론적 종류

■ 주제 설교(Topical sermon)

주제를 영어로는 서브젝트(subject)라고 한다. 본래 이 말은 subjection이란 라틴어에서 근원되었는데 "아래에 둔다"는 의미를 지닌다. 설교자가 어떤 논제를 앞세우고 그 논제에 따라 설교하는 것이다. 최근에는 주제 설교라는 말보다는 오히려 제목 설교(Theme sermon)로 많이 알려져 있다. 제목 설교(Theme preaching)는 한국교회 초창기부터 근 100년간 설교로 사용되어 왔다. 그러나 자기가 하고 싶은 말을 제목에 두고 성경을 이용 한다는 비판을 받았다.

성경 저자가 기록한 하나님의 계시에 따라 설교자가 그 뜻을 풀어서 청중에게 하나님 계시의 말씀을 전하는 메신저(a messenger)가 아니라, 설교자가 자기 취향에 따라 주제를 미리 정하여 두고 그 제목에 맞는 성경 본문을 취하여 자기의 뜻을 청중에게 전하였기 때문이다.

이 같은 설교는 성령님의 영감으로 기록된 하나님 계시의 복음을 전한다기보다 자기의 생각, 설교자가 하고 싶은 말을 성경을 사용해 전한다고 해야 할 것이다. 한국교회 설립 초기에 국민 대다수는 순전히 농경사회에서 자라 학문적 지식이 미천한 때였다. 서당에서 천자문이나 배우고, 일제 치하에서 국민 대다수는 소학교(현재의 초등학교)도 나오지 못했다. 이런 미천한 국민 정서 가운데 신학교가 세워졌으니 신학교에서 수학하는 신학생 대부분이 학문 미달자일 수밖에 없었다. 이들이 3-4년 정도 수학한 후, 신학교를 졸업하고 목사가 되어 강단에서 설교할 때 성경 주석, 성경 강해설교를 할 수가 없었던 것은 자명한 일이다. 자연히 제목 설교 외에 어떤 설교도 나올 수 없었다. 그러다보니 대다수 목회자들의 설교는 자연히 풍유적 설교 아니면 전형적인 인본주의와 세속주의 설교들이었다. 사실상 제목 설교란 성경적 설교라기보다 언필칭(言必稱) 자연적 인본주의 설교다.

■ 자구적 설교(字句的說教 · Parases)

이 설교를 일명 주석 설교(Commentary Sermon)라고 한다. 성경 글자 하나하나를 풀어나가면서 그 뜻을 해석하는 설교이다. 우리 한국교회 설립 초기의 설교가 제목 설교였다면 이 설교 방법은 종교 개혁자들의 설교방식(Pattern)이었다. 천년 세월 가까이 성경을 엄금하고 독경을 거부했었기에 본문은 고사하고 성경의 한 글자도 놓치기가 아까워 모두가 자구적으로 해석해 나갔다. 루터의 설교 방법, 칼빈의 성경 해석은 시간가는 줄 모르고 한 자 한 자를 사색해 가면서 청중들에게 알리고, 전하고 가르쳤는데 설교라기보다는 축자영감의 교수였다고 할 것이다. 그래서 개혁자들의 설교는 두 시간 이상이었다고 한다. 우리 한국교회 초창기에 편만했던 사경회(査經會 · a Bible class)도 자구적 설교라고 해야 할 것이다. 교수만 잘 한다면 성경 지식은 그만이다.

■ 본문 설교(本文說敎 · The Original test)

성경 한 자 한 자 설교하는 것이 자구적 설교(terms preaching)
라면 본문 설교는 그 문맥 전체(장르 · a genre: a category)를 하
나의 해석으로 설교하는 것이다. 자구적 설교가 주석 설교라면 본문
설교는 주해적 설교이다. 본문 설교의 유익은 한 문장에 속한 내용
을 전체적으로 설교할 수 있다는 것이다. 그런데 문제는 설교자가 설
교하고자 하는 본문을 어느 구절부터 어느 구절까지를 정하느냐가
아주 중요하다. 어느 성경이든지 단락이 표시되어 있어 한 본문을 이
루지만, 그러나 이 단락 구분이 늘 완전한 것은 아니다. 그렇기 때문
에 설교자가 한 내용으로 해석할 수 있는 본문을 정하는 것은 아주
중요하다. 때로는 한 본문으로 삼기에 너무 구절이 짧아 다른 구절
과 합해야 할 때도 있고, 어느 단락에는 구절이 많아 한 내용의 본
문으로 삼기에 넘치는 구절도 있다. 본문 설교만 잘해도 성경 지식은
충만해 진다.

■ 강해설교(講解說敎 · Expository preaching)

강해의 Expository는 "밖으로"의 ex와 "두다"의 Ponere의 합성
어로 그 본문이 기록된 시점은 말할 것도 없고, 언제 어느 때든지 그
본문을 읽고 상고하는 자에게는 기록된 시기와 같은 영향을 주도록
하는 것이다. 예를 들면, 예수님은 이천 년 전에 골고다 십자가에서

죽으시므로 그 때 십자가를 믿고 부활신앙을 가진 자는 다 구원을 받았다. 그 시대 사람들뿐만 아니다. 지금도 성경에 기록된 그 십자가와 다시 사신 부활의 구속사를 믿는 자는 이천 년 전에 믿고 구원받은 사람들과 똑같이 구원받는다.

그렇기 때문에 강해설교란 옛날 옛적에 지나간 그 시대의 말씀일 뿐만 아니라, 그 본문의 말씀이 오늘을 사는 우리에게도 하나님이 지금 주시는 말씀으로 다가오는 것이다. 다른 설교는 그 시대의 기록된 말씀으로 우리에게 성경 지식을 주지만 강해는 그 시대에 기록된 말씀이 오늘도 우리에게 믿음으로 구원을, 생활의 교훈으로 삶의 지표를 그때와 같이 열어 주신다는 것이다(요 20:31; 딤후 3:15-17). 예를 들면, 갈릴리 호수에서 큰 풍랑이 일어나 모든 제자들이 물에 익사 되어 갈 때, 예수님께서 물 위로 걸어오셔서 사도들을 살리셨다(마 14:22-33). 강해설교자는 이 본문도 오늘을 살고 있는 나에게 다가오는 말씀으로 현실이 되게 할 수 있다.

우리는 지금도 세속의 깊은 인생의 바다에서 죄악의 파도에 휩싸여 죽을 수밖에 없다. 그 때 우리는 주님을 불러야 한다. 그러면 우리 주 예수님께서 나의 인생바다를 걸어 오셔서 나를 속세에서 건져 주신다. 이렇게 강해설교는 지나간 과거의 사건과 말씀을 뛰어 넘어 현재를 살아가는 나에게 오늘의 말씀이 되게 한다. 강해설교는 적용이 생명이다. 적절한 예로 이 본문이 지금 나에 대한 말씀이 되도록 해야 한다. 구속사의 진리 복음은 시·공을 초월하여 현실화 된다. 그리스도께서는 시·공이 없으신 영원 무궁한 오늘이시다. 그렇기 때문에 강해설교는 과거의 지나간 사건의 역사를 현재 사건으로, 오늘의 시간이 되도록 한다. 모든 설교 방법 중 최고의 설교 방법은 강해설교이다.

한국교회는 1980년대 홍콩의 OMF 선교사 데니스 레인 목사를 통해 강해설교를 수 차례 듣고 배운 바 있다. 전까지는 제목 설교가 백여 년간 한국교회 강단을 차지하고 있었는데, 데니스 레인 목사의 설교로 인해 제목 설교에 깊이 잠들었던 한국교회가 깨어나 너도나도 강해설교에 관심을 갖게 되었다. 그래서 현재 한국교회는 대부분 본문 설교 아니면 강해설교를 한다. 그러나 강해설교는 데니스 레인이 창작한 것은 아니다. 제목 설교만 할 수 밖에 없어서 그렇게 된 것이지, 성경 전체는 오직 강해설교로 가득 차 있다. 강해란 하나님 말씀의 해석이기 때문이다.

하나님께서는 인간에게 자신을 계시하신다. 그래서 구약 시대에는 족장들과 선지자들에게 언약과 예언으로 자신을 계시하셨고, 신약 시대는 예수 그리스도께서 성육신(成肉身 · Incarnation)하여 자신을 계시하셨으며, 사도들은 그것을 구속사 진리 복음으로 전파한 것이다. 기독교 외에 다른 종교에는 계시가 없다. 왜냐하면 신적(神的) 종교가 아니기 때문이다. 신 계시가 없으니 인간이 신을 찾아 가는 것이다. 그러나 있지 않은 신을 어찌 찾아가 만날 수 있으랴? 결국 우상을 만날 뿐이다(사 44:6-20; 롬 1:18-23).

기독교는 계시 종교이다. 왜냐하면 하나님께서 인간에게 찾아 오셔서 자기를 드러내는 계시로 말씀하셨기 때문이다. 하나님께서 스스로 계시하시고 계시받는 자들을 선택하셨기 때문에 우리가 하나님의 실존을 알게 된 것이다. 강해란 바로 실존하시는 하나님을 알리는 것이고, 계시된 말씀을 설교하는 것이다. 그러므로 데니스 레인은 강해설교의 유익을 다음과 같이 말했다. 강해설교는 ①성경적이고 ②실제적이고 ③이해하기 쉬우며 ④생활에 합당하며 ⑤성령님을 의존하게 되면서 ⑥말씀과 더 가까이 하게 한다.

그렇지만 어떤 설교자는 자기 설교가 강해설교라고 주장하지만 실제적으로 전혀 아닌 경우도 있다. 예를 들면 다음과 같다.

첫째, 성경 본문에서 그리스도의 말씀을 전하는 것이 아니라 자기가 하고 싶은 말을 생각한 다음에 성경을 거기에 맞추는 것은 강해설교가 아니다. 이는 제목 설교도 벗어난 종교 강연에 불과하다.

둘째, 성경 본문을 읽어 놓고, 그 본문과 전혀 무관하거나 본문 내용과 다른 것을 전하면 강해설교가 아니다. 아무리 강하게 십자가와 부활의 진리를 전한다 해도 이는 구속사 설교도, 강해설교도 아니다. 강해설교, 구속사 설교는 그 본문에서 그리스도 예수께서 주재자로 계셔야 한다. 예수님 외에 다른 사람, 다른 사건이 설교될 때 그 본문은 성경적 인본주의가 되고 만다. 강해설교가 아니라 성경 연설이 되는 것이다.

셋째, 특히 구약의 본문을 설교한다 할지라도, 청중들의 신앙과 삶에 아무 관계가 없을 때는 본문을 해석한 것에 불과한 것이지 강해설교는 아니다.

넷째, 소위 자기 레마(ῥῆμα)를 정해 놓고 모든 성경 해석, 설교까지도 자기 레마에 맞추어 설교하는 것은 다른 성경 전체를 도외시하는 것으로 그 어떤 설교에도 해당되지 않는 사이비식이다. 강해설교는 고사하고 그 어떤 성경과도 맞지 않는다. 하나님께서 신·구약성경 66권을 1600여년 동안 40여명의 영감된 저자들을 통해 기록하신 것은 어떤 성경만 레마가 아니라 모든 성경, 모든 구절이 우리 성도들에게 필요한 것이기 때문이다.

다섯째, 본문을 강해하면서 거기에 합당한 적용이 없는 설교도 강해설교가 아니다. 강해설교란 모든 성경 본문과 구절이 지나간 과거의 사건이나 말씀이 아니라 바로 오늘날에도 생길 수 있고 일어날 수 있는, 아니 일어나야 하는 현존적 사실에 부합될 수 있는 하나님의 말씀을 전하는 것이기 때문에 여기에 합당한 적용이 필요하다. 어떤 강해자는 그 적용이 반드시 성경에 있는 성경 말씀(성경적 사실) 이어야 한다고 주장한다. 일리는 있으나 반드시 그러한 것은 아니다.

그 어떤 것이라도 적용이 될 수 있다. 그러나 적용으로 사용되는 것이라면 ①실제적으로 있었던, 혹은 있는 것이어야 한다. 없는 것을 있는 것으로 생각하여 가상적으로 추측하는 것은 자기 설교를 거짓으로 만들어 버리는 큰 실수다. ②풍유적이거나 우화는 특히 조심

해야 한다. 예를 들면, 헬라 신화, 이솝 우화, 전설의 고향, 민속담, 토속적인 소설 등은 거짓이고, 미신이고, 우상이다. 전적인 알레고리(an allegory)이기 때문에 성경을 이방 종교화 시키거나, 세속문화로 변질시킨다. 이는 전혀 강해설교의 적용이 될 수 없다. 한국 초기 교회의 제목 설교에는 이런 것도 많이 나타났으나 우리가 본받아서는 안 되고, 정직하게 말해서 설교라고 할 수 없다. ③ 실제적인 사건이라도 오래 된 것은 현실 감각이 없으니 적용으로 삼지 않는 것이 좋다. 더운 밥이 찬 밥보다 좋은 것처럼 적용감도 최근에 있었던 것이어야 한다. ④ 한 두개 정도가 적절하다. 적용이 많아지면 설교가 산만해지고 오히려 말씀의 의미를 삭감할 수 있다. ⑤ 되도록 일반적인 것을 적용으로 삼아야 한다. 설교자의 경험, 설교자의 사건을 적용으로 삼으면 객관성이 없을 뿐 아니라 자칫 잘못하면 자기 자랑이 되어 버리기 십상이다. ⑥ 성경에 있는 사건을 적용으로 삼는다면 무난하기는 하지만, 약간 현실 감각이 떨어질 수는 있다. 그러나 교훈적 적용이라면 성경이 무난하다.

■ **구속사 설교(救贖史說敎 · Redemptive historical sermon)**

이렇게 여러 가지 설교 방법 중에서 가장 우수한 설교는 강해설교이다. 우리 한국교회는 백여 년 동안 제목 설교를 하다가 데니스 레인으로부터 강해설교를 배워 오늘날에 이르기까지 근 30년 동안 그런대로 강해설교를 해 왔다. 그럼 강해설교가 성경 본문적으로 완전한 설교 방식인가?

그것은 아니다. 성경의 본문을 해석하고, 그 해석된 주해로 설교한다 할지라도 그 본문을 어떻게, 무엇을(누구로) 주제로 하여 설교하느냐는 것은 참으로 중요하다. 성경 66권 전체의 중심은 누구이며 무엇에 맞추어져 있는가? 하나님께서는 1600여 년 동안 40여명의 영감된 자들을 통해 계시의 말씀인 성경을 기록하도록 하셨다. 성령 하나님께서는 ①어떤 목적을 두고 ②어떤 역사적 경로로 ③누구를 계시하기 위해 성경을 쓰도록 하셨는가? 이렇게 생각할 때, 강해해석과 그 설교로는 확실한 답이 나오지 않는다. 분명히 강해설교가 성경 본문에서 나왔고 현실 감각에 맞는 적용도 있지만, 성령 하나님께서 누구를 계시하기 위해 이 본문을 쓰도록 하셨는가에 대한 대답을 주지 못한다. 이 불분명한 주제가 강해설교의 한계이다. 그렇기 때문에 주해와 강해설교만으로 완전한 설교가 될 수 없다. 오히려 구속사가 강해와 설교의 주제가 되지 않는 한 그 본문은 인본주의가 되고 만다.

다행히 사복음서처럼 예수 그리스도께서 그 본문의 주제가 되신다면, 본문의 해석도 구속사적 해석이 되고, 완전한 설교가 된다. 하지만 예수님이 그 본문에 나오지 않거나 예수님 없는 설교를 하게 될 때, 어떤 사물 중심이나 인간 중심의 전형적인 인본주의, 세속주의, 자연주의적 설교만 돼버린다. 그러므로 이런 설교가 되지 않으려면 강해설교 방식에 반드시 예수 그리스도의 십자가와 부활의 구속사가 설교의 중심이 되어야 한다. 그것을 가리켜 "구속사 강해설교"라고 한다.

그럼 왜 반드시 모든 성경 해석과 설교의 중심이 구속사 강해설교여야만 하는가? 성령에 의한 성경 기록의 목적이 여기에 있기 때문이다. 하나님께서는 아름답고 복된 에덴의 낙원에 아담을 두시고 믿음에 의한 행위 계약을 맺으셨다. "선악을 알게 하는 나무의 열매는 먹지 말라 네가 먹는 날에는 반드시(정녕) 죽으리라"(창 2:17). 따 먹지 않으면 영생이요 따 먹으면 영멸이다. 여기서 "반드시 죽으리라"(מוֹת תָּמוּת · 모트 타므트)는 2인칭 단수 미완료형으로 ① "너는 죽는다" ② "그 죽음이 계속 된다"는 의미다. 이는 원죄적 상관 관계를 나타내는데, 너도 죽고 네 자손도 대대로 죽는다는 말씀이다. 과연 하와의 범죄, 아담의 타락으로 첫 사람뿐 아니라 모든 인간, 온 인류가 영육간 사망에 이르게 된 것이다(창 3:17-19; 롬 5:12-21). 아담의 타락으로 말미암아 모든 인간에게 사망이 왔을 뿐만 아니라 하나님의 영광은 사탄에 의해 가리우게 되었고(눅 4:6), 창조된 모든 생명에게 사망이 왔으며 우주 만물의 질서는 다 무너지고 흩어져 깨지게 되었다(롬 8:18-23). 모든 인간의 생명과 창조된 우주 만물의 주권이 사탄의 발 아래 놓여지게 되고 신음하며 통곡하게 되었을 때(렘 12:4, 11-13; 마 4:8-9; 눅 4:5-7; 롬 8:19-23), 하나님께서는 자기 아들을 이 세상에 보내기로 작정하셨다.

구약성경의 총 주제요, 소위 원리복음(原理福音 · Original Evangelical)이라는 창세기 3장 15절(신약의 주제 요절은 마 1:21, 성경의 총 주제 요절은 요 3:16이다)에서 하나님께서 공중의 사탄을 격멸하시고(엡 2:1-3) 하나님 영광의 회복과(시 8장) 우주 만물의 본래적 창조질서와(골 1:15-20) 인간의 구원을 위해(엡 2:4-9) 독생자를 보내기로 확정하셨다. 여기서 "여자의 후손은 네 머리를 상하게 할 것이요"(יְשׁוּפְךָ רֹאשׁ · 예슈페카 로쉬)는 "눌러서 짓뭉개어"(he will crush your head, NIV) 없애 버린다는 사탄의 멸망을 가리키며, "너는 그의 발꿈치를 상하게 할 것이니라"(וְאַתָּה תְּשׁוּפֶנּוּ עָקֵב · 웨아타 테슈펜누 아케브)는 사탄으로 인한 그리스도의 시험, 고난, 박해를 가리키며 결국 골고다 십자가의 죽으심을 가리킨다(시 41:9; 요 13:18).

그러므로 성경의 역사 기록은 하나님의 영광, 우주 만물의 회복, 인간 구원을 이루시기 위해 오신 예수 그리스도와 그 우주적 주권을 빼앗기지 않으려고 끝까지 대적하는 사탄의 치열한 혈투장면이다.

다시 말해 성령님께서 무엇 때문에, 무엇을 알리시기 위해 성경 66권을 영감된 저자들에게 계시로 기록하게 하셨는가? ①하나님 영광의 회복 ②우주 만물의 창조 질서 ③타락된 인간의 구원을 성취하시기 위해 하나님께서 당신의 아들을 보내신다는 언약과 예언이다. 독생자의 구원 방법은 십자가의 피와 다시 사신 부활의 생명, 곧 구속이다. 그렇기 때문에 구약성경은 원리복음의 언약(창 3:15)대로 메시아이신 예수님이 이 세상에(유대 땅 베들레헴) 성탄하신다는 언약(족장들에게)과 예언(선지자들에게)이요, 신약성경은 그 언약과 예언대로 성육신하셔서 십자가의 피로 고치고, 씻기고, 회복해 주셨고, 다시 사신 부활로는 사망에 빠진 모든 생명에게 창조된 본래의 영원한 생명을 주셨고, 또한 재림의 주께서 천하만민을 심판(상급과 멸망)하러 오신다는 기록이다.

구약 성경 39권, 929장, 2만3134절은 성육신하실 메시아 예수 그리스도에 대한 족장들의 언약과 선지자들의 예언이다. 성육신 하실 메시아가 이 세상에 오셔서 십자가와 부활로 하나님의 영광과 우주 만물의 회복과 인류 구원을 위해 유대 땅 베들레헴(미 5:2)에 성탄하실 것인가, 하는 그리스도의 구속의 역사(구속사)가 창세기부터 말라기까지 언약과 예언인 계시의 말씀으로 기록된 것이다. 이렇게 구약 성경은 성육신 하셔서 인류를 구원하시는 우리 주 예수 그리스도의 구속사에 대한 언약 예언서이다.

2. 구속사(Redemption history)

구약성경 창세기와 출애굽기에는 그리스도가 오심으로 십자가의 속죄와 다시 사신 부활의 생명, 구속의 진리 복음으로 가득 차 있다. 레위기에 속죄할 어린양의 번제는 오실 메시아의 십자가 보혈을 예표하며, 민수기, 신명기 등 구약 성경 39권은 오직 예수 그리스도 십자가 보혈의 구속을 예표한다.

구약성경 각 권마다 구속의 진리 복음이 베들레헴 말 구유에서 성취되는 것을 가리켜 우리는 "구속사"라고 한다. 그렇기 때문에 구약 성경을 가리켜 영어로 Old Testament라고 하는데 이는 "옛 언약"이라는 말이다. Testament란 일반적 의미로는 유언, 약속, 입증, 증지, 계약이지만 인간과 하나님과의 관계에서는 언약이나 성약 그리고 약속을 가리킨다. 그렇다면 구약성경은? 하나님께서 사람에게 맺어 주시는 언약이다. 어떤 언약, 어떤 약속, 어떤 성약인가? 하나님께서 인간의 구원을 이루시기 위해 독생자를 보내시겠다는 그리스도의 구속사이다. 그렇기 때문에 구약성경을 해석할 때는 반드시 그리스도 예수의 구속과 부활의 생명 안에서 구속사로 해석해야 하고, 설교할 때도 반드시 십자가의 보혈과 부활과 영생의 구속사 진리 복음으로 설교해야 한다.

그런데 구속사가 아닌 강해식으로만 성경을 해석하고 강해적 설교만 한다면, 어떤 성경 본문이든지, 그 본문 해석과 설교는 하나님의 성령께서 성경 저자들에게 성경을 그리스도의 구속·구속사로 기록하도록 영감하신 그 뜻을 잃어버리고, 다만 그 성경 본문이 세속적이고 사물·사건이 중심이 된 인본주의가 되고 만다. 그렇기 때문에 설교자는 강해설교를 해야 하지만, 반드시 "구속사 강해설교"를 해야 한다. 문제는 신약성경 중에서 사복음서 외에는, 더구나 구약성경에는 전혀 예수님이 보이지 않는데 어떻게 구약성경 전체를 예수님의 십자가와 부활이 되는 구속사로 설교할 수가 있겠느냐는 것이다. 이는 먼저 신학교에서 성경을 교수하는 선생님들의 큰 책임이요, 다음에는 성경신학자들의 성경 해석의 문제요, 마지막으로는 설교자들의 성경 해석의 무지이다.

20여 년 가까이 홍콩 선교사 데니스 레인이 수십 차례 한국교회에 와서 최초로 강해 성경 해석과 강해설교는 교수하였지만. 구속사 성경 강해와 구속사 설교는 교수하지 않았다. 심지어 개혁주의 설교자들도 성경 해석이나 설교가 구속사 강해설교는 아니었던 것 같다. 그러니 강해설교를 한다고 해도 예수님의 구속사가 없는 인본주의적 설교가 될 수밖에 없다.

성경 본문에 아브라함, 이삭, 야곱, 요셉, 모세, 엘리야, 다니엘, 베드로, 바울 등의 사람만 등장하고 그들의 행함과 사건만 기록되어 있으므로, 기록된 그대로 그 사람들과 사건들만 설교한다면 이는 인물 중심, 사건 중심의 인본주의적 설교일 뿐이다. 그러나 '구속사 강해설교'는 '하나님께서 성경에 기록된 사람들을 왜 부르셨는가?' '이들을 통해서 예수님의 구속사가 어떻게 이루어 지셨는가?' 라는 질문을 통하여 예수님만 그 성경 본문에서 주재자가 되시고 나머지 사람들은 구속사의 도구(道具·a tool)로 사용된다.

구약성경 창세기 3장 15절부터 말라기까지 하나님의 영광과, 우주 만물의 회복과 인간 구원이 예수님 십자가의 피와 부활의 구속으로 완성되기까지 예수님은 유대 땅 베들레헴에 탄생하셔야 했고(미가 5:2; 마 1:21; 2:1), 구약 4000년간 모든 것들이 그리스도의 구속사를 성취하게 하는 구속사의 도구가 되어야 했다.

예수님의 구속사가 갑자기 하늘에서 떨어지거나 땅에서 솟아난 것이 아니라 흘러가는 세월의 역사 속에서 사람의 몸을 입으시고 사람들을 통해서(마 1:1-2:1) 베들레헴 말구유에 탄생하시기까지, 먼저 시간과 역사의 때가 도구가 되어야 했다. 아브라함, 이삭, 야곱, 유다도 구속을 이루는 그리스도의 도구가 되어야 했다. 그뿐만 아니라 요셉, 모세, 여호수아, 사무엘, 다윗, 엘리야, 엘리사 등 구약성경에 기록되어 예수님과 관계된 모든 인물들 또한 주님의 구속사 도구로 사용되어야 했다.

신약 시대에 와서도 헤롯 대왕, 가야바 대제사장, 빌라도 총독, 가룟 유다, 심지어 로마 군병들까지도 예수님을 십자가에 못박아 죽임으로 하나님의 영광과 만물의 창조적 질서의 회복과 인간 구원을 이루도록 하는 구속사의 도구로 사용된 것이다. 구약의 선지자들, 이사야, 예레미야, 에스겔, 다니엘 등은 메시아의 오심을 선포하는 예언적인 구속사의 도구로 사용되었고, 신약의 사도들은 제자들과 더불어 우리 주님의 구속을 천하만방에 알리고 전함으로 예수 믿어 구원시키는 구속 사건과 복음 전도의 도구로 사용된 것이다.

사도 이후 종교개혁자들과 이 시대의 설교자들은 누구인가? 그리스도 구속사의 나팔이 되어 복음을 전하는 진리 복음의 도구들이다. 그렇기 때문에 신·구약성경 66권의 모든 기록이란, 구약은 메시아 오심을 언약과 예언으로 알리면서 성경을 기록하는 구속사 예언의 도구들이요, 신약은 오신 예수 그리스도께서 옛 언약(구약) 그대로 어떻게 기록된 구속사를 완성하셨는가하는 구속사 진행 기록과 진리 복음을 전파하는 메신저의 도구들이다.

따라서 66권의 성경 기록은 모두 다 예수 그리스도의 구속사에 대한 내용이며, 어떤 성경 본문이든지 그 내용은 예수 그리스도만이 주재자(주인공)가 되셔야 하고, 어떤 사람, 어떤 사건이든지 모두 다 그리스도의 구속사를 이루는 도구로만 사용되고 설교되어야 한다. 왜 그렇게 해야만 하는가? ①성령께서 1600년 동안 40여명의 성경 저자들을 선정하여 영감을 주심으로 성경을 쓰시도록 감동하신 그 이유와 목적이 오직 창세기 3장 15절 원리복음의 구속사를 이루는 데 있기 때문이다. ②하나님께서 하나님의 영광과 창조된 만물의 회복과 인류 구원을 하나님께서 보내실 독생자의 속죄 피와 다시 사신 부활의 생명, 구속사에만 두셨기 때문이다. ③세상의 모든 시간과 흘러가는 역사의 초점 χρόνος(크로노스)을 모두 다 그리스도의 성육신과 구속사를 완성하는 재림의 시간과 때 καιρός(카이로스)에 두셨기 때문이다.

세종대왕의 훈민정음을 알리기 위해서는 훈민정음에만 초점을 두고, 세종 임금이 그 훈민정음을 만들기 위해서 언제 어떤 사람들을 불러 어떤 경로를 통하여 창작하였는가를 기록해야 한다. 그런데 원주재자, 창작자인 세종대왕보다 세종대왕을 도와 훈민정음의 조력자였던 정인지, 신숙주 등만 기록한다면 과연 훈민정음의 주인공인 세종 임금이 알려지게 되겠는가? 지금의 성경 해석자, 설교자들이 이와 같은 경우에 처해 있다.

성경의 주재자, 주인공은 예수님이시고, 기록의 목적은 예수님께서 어떤 역사의 경로를 통하여 이 세상에 오셔서 구속을 이루셨는가하는 구속사의 내용이다. 그런데 오늘날 한국교회 설교자들은 어떤 본문이든지 그리스도의 사건이 아니면 구속사를 전혀 생각하지 않고, 본문에 있는 그대로 아브라함, 이삭, 모세, 사무엘, 엘리야, 바울, 베드로, 요한 등만 나타내고 그들의 행동과 사건만 설교한다. 이와 같은 설교는 완전히 성경적 인본주의로 구속사의 도구가 구속의 주인이 되시는 예수님을 대신하는 결과가 되고 만다.

구속사 성경 해석과 설교는 참으로 어렵다. 신약의 사복음서처럼 예수님이 보이면 그래도 쉬운데 그리스도가 전혀 보이지 않는 성경 본문, 구절일 때는 전혀 구속사를 염두에 두지 않고 성경 본문에 나온 대로만 설교하므로, 어쩔 수 없이 구속사의 도구가 되는 사람들, 사건, 그들의 행적만 교훈 삼아 성경을 해석하고 설교하므로, 우리 한국교회는 금세기에 이르러 전형적 인본주의에 빠져 있다.

이런 사실을 항상 안타깝게 여기고 있던 저자는 지난 40여 년간 오직 구속사로만 성경을 해석하고, 구속사 강해설교만 해 왔기에 이런 지식을 토대로 한국교회 최초로 구속사 성경신학연구원을 개설하고(2010. 3. 7), 구속사 성경 해석과 설교를 가르쳐오고 있다.

만약 성경에 우리 주 예수 그리스도의 십자가 보혈과 부활의 구속사가 없다면 일반 종교와 다를 바 없을 것이다. 그러나 이 세상에 다른 종교도 수없이 많지만 우리 기독교 외에는 구속사가 없기 때문에 기독교만 속죄가 있고, 기독교만 부활이 있다. 이를 통해 기독교가 내세의 종교, 영생의 진리 복음인 것이 드러난다. 그런데도 목회자들의 메시지에 구속사가 없다면 구약 시대 율법사, 서기관들의 율법 강론과 같고, 불교, 유교, 이슬람교 등의 설법과 다를 바 없다. 이는 기독교 설교자들의 큰 비극이다.

Ⅲ. 구속사의 증언

1. 성부 하나님의 증언

이 지구상에서 구속사의 당사자는 오직 예수 그리스도 한 분 뿐이고, 그 구속사의 방법은 예수님 십자가의 보혈과 다시 사신 부활의 영생이며, 그 내용을 역사적으로 기록한 문서는 구약 39권과 신약 성경의 사복음서이다. 그러나 예수 그리스도가 구속과 그 역사의 발자취를 성취하도록 구속사를 이루신 분은 성부 하나님이시다. 그래서 예수께서도 자신의 구속을 말씀하실 때마다 하나님의 영광과 인간의 구원을 이루기 위한 구속으로 자기 아들을 이 세상에 보내신 분이 성부 하나님이라고 요한복음에서 27회나 증언한다. 이를 가리켜 독생자 그리스도의 사도성이라고 한다(요 5:23, 24, 30, 37, 38; 6:29, 39, 44, 46, 57; 7:28, 29, 33; 8:16, 18, 29, 42; 9:25, 33; 10:29 등).

예수님의 구속사에 대한 성부 하나님의 최초의 증언은 구약성경의 요절이 되는 창세기 3장 15절이다. 성부께서는 인류 구원의 구속을 이루기 위해 메시아께서 오실 것인데, 오실 그리스도가 사탄과 치열하게 다툼으로 마침내 그리스도의 구속을 성취하게 될 것이라고 언약하셨다. 다음에는 메시아 오심의 계보로 셈족을 선택하시고 그 셈의 계통에서 아브라함을 선택하사 아브라함의 후손에 의해 메시아가 오실 것과 메시아의 나라가 이루어질 것까지 말씀하셨다(창 9:26; 12:1-3, 7; 13:14-17; 15:5-7; 13-18; 17:5-8; 22:13-18 등).

이외에도 하나님께서는 이삭, 야곱, 유다(요셉), 모세, 여호수아, 사무엘, 다윗, 엘리야, 이사야, 예레미야, 에스겔, 다니엘 등의 선지자들과 제사장들과 왕들에게 메시아의 오심과 구속, 그 성취의 구속사를 일일이 다 언약하시고 예언하셨다. 저자는 이러한 구속·구속사를 설교문으로 쓰려고 한다. 그러므로 성경상에 나타난 구속사란 하나님 아버지께서 당신의 뜻에 따라 하나님의 영광, 우주 만물의 창조질서 회복, 인류 구원을 이미 계획하셨으며, 또한 그 계획하신 구속을 온전히 성취하시며, 예수 그리스도 안에서 그의 구속사로 이 모든 것들을 다 완전하게 만드신다는 선언이다. 그렇기 때문에 구약성경은 성부 하나님의 옛 언약으로 구속하여 주시겠다는 4000년 간의 역사의 증언, 곧 성부의 구속사 증언이다.

2. 성자 예수님의 증언

예수님이 구약의 예전이나 율법을 메시아의 구속사로 해석하면서 설교(교훈)하시기까지는 어느 누구도 율법이나 장로들의 전통(전승, 유전)에 대하여 일언반구(一言半句·one word)가 없었다. 율법 그대로 지키고 행하면 되는 것이지, 여기에 이유를 댄다는 것은 벌써 불경죄가 되어 제3계명을 거스르는 행위이기 때문이다. 그렇기 때문에 모세오경의 율법이 생긴지 1446년간 율법은 그야말로 하나님의 불문율(不文律·an unwritten law)로 변동이 없었다.

그런데 예수님께서는 이 성문법(成文法·a written law)에 대하여 자꾸 당신의 주관으로 가르치고 설교하셨기 때문에 서기관과 바리새

인들로부터 반발이 생겼고, 유대주의자들은 예수님을 죽이려고까지
한 것이다(요 5:17-18). 일반 유대인들도 예수님은 모세 율법을 폐하
러 오신 것이 아닌가하는 의구심을 가지게 된 것이다. 그때 예수님은
"내가 율법이나 선지자를 폐하러 온 줄로 생각하지 말라 폐하러 온
것이 아니요 완전하게 하려 함이라 진실로 너희에게 이르노니 천지가
없어지기 전에는 율법의 일점 일획도 결코 없어지지 아니하고 다 이
루리라"(마 5:17, 18)고 하신 것이다.

이렇게 확고부동한 율법을 예수님께서는 다만 아버지의 뜻대로 자
신의 구속사로 만들어 재해석하고 가르치신(설교) 것이다. 즉 구약을
더 굳건히 세우면서 구약의 모든 계명과 율법을 예수님 자신의 말씀
으로(구속+구속사) 재해석하신 것이다. 이것은 오늘날에도 매우 중
요한 성경해석과 설교의 원리가 된다.

구약성경 전체를 모세가 기록한 계명과 율법, 선지자들의 글로 해
석할 것이 아니라 예수님의 구속과 그 구속의 역사(구속사)로 해석해
야 한다는 주님의 성경 해석과 설교의 가르침이다. 그 모범적인 예를
마태복음 5:21-48에서 말씀하시는데 이 가르침이 바로 "옛 사람에게
말한바(구약)"와 "너희가 들었으나 나는 너희에게 이르노니"이다.

이는 모세의 율법과 계명으로 마태복음 5:21-26은 간음죄에 대
한 제 7계명으로 출애굽기 20:14; 신명기 5:18이요, 이어지는 마태
복음 5:38-42은 맹세의 계명으로 레위기 19:12; 민수기 30:2; 신명
기 23:21이요, 이어지는 38-42절은 복수법(Lex talionis · 동해 형
법)으로 출애굽기 21:24; 레위기 24:20; 신명기 19:21이요, 마지막으

로는 43-48로 이웃사랑에 대한 계명 레위기 19:18이다. 이렇게 예수님께서는 모세가 율법에 기록한 살인죄, 간음죄, 맹세법, 복수법, 이웃사랑을 모세의 율법에 기록된 대로 하지 말고, 예수님께서 이 계명들에 대하여 새롭게 가르친 그대로 지키고 행하라고 말씀한다. 이 외에도 유대인의 금식에 대하여(마 9:9-17; 막 2:18-22), 안식일에 대하여(마 12:1-8; 막 2:23-28), 장로 전통에 대하여(마 15:1-20; 막 7:1-23), 율법과 구원에 대하여(마 19:16-22), 이혼법에 대하여(마 19:3-12), 재혼법에 대하여(마 22:23-33) 구약의 율법주의 입장에서가 아니라 예수님께서 구속사로 재해석하여 말씀하신 것이다.

이것이 우리에게 어떤 가르침을 주는가? 구약성경 39권을 기록된 대로 해석하고 설교할 것이 아니라, 이제 그 모든 계명과 율법과 말씀들이 그리스도의 십자가 보혈과 부활의 생명 안에서 이루어졌고 완전하게 되었으니(마 5:17), 이제는 주 예수 그리스도의 구속과 구속사적으로만 성경을 해석하고 설교해야 할 것을 가르쳐 주신 것이다. 이를 가리켜 예수님의 새 계명이라고 한다.

구속사 성경 해석과 설교가 더욱 드러나는 것은 누가복음 24장 엠마오의 도상(道上, 路上)에서이다. 예루살렘을 떠나 엠마오로 가는 두 제자에게 부활하신 예수께서 나타나셔서 부활의 진리를 깨우쳐 주시면서 구약성경에 기록된 대로 해석하거나 믿으면 안되므로 모든 성경을 예수 그리스도의 구속사로 해석해야 할 것을 주지(主旨 · the main meaning)시키신다. 독자들은 누가복음 24:27, 44절을 깊이 읽어 보기 바란다. 구약성경의 모세 오경, 시가서, 모든 선지자들의 글이 누구에 대한 기록인가?

예수님께서 스스로 말씀하시기를 "나를 가리켜 기록된 모든것"(눅 24:27, 44)이라고 하셨다. 이는 십자가의 속죄와 부활의 영생 곧 구속사를 가리킨다. 그런데도 구약성경을 구속사로 해석하지 않고, 설교하지 못한다면 어떻게 되겠는가? "미련하고…… 마음에 더디 믿는 자"(눅 24:25)라 불릴 것이다. 그러므로 구속사 성경 해석과 구속사 설교를 하지 못한다면 설교자의 자격이 없는 것이다. 저자는 이 엠마오 사건을 통해 깨달은 바, "미련하고 선지자들의 말한 모든 것을 마음에 더디 믿는" 무자격자가 되지 않기 위해 실로 30세 초반부터 근 35년 가까이 구속사에 관한 서적만 3000권을 구입하여 촌음을 아껴가며 불철주야 공부하고 연구하였다. 그래서 이제는 성경의 어떤 분문이든지 구속사로만 해석하고 설교한다.

예수님께서 공생애 3년간 제자들을 훈련시키고, 교육시키면서 집중적으로 가르치신 것은 당신의 십자가 죽으심과 다시 사신 부활의 구속사였다. 씨 뿌리는 비유를 비롯하여 30여 가지 모든 비유의 중심도 구속사였다. 십자가 죽으심과 부활의 교리를 직접 말씀하신 곳도 마태복음 7:13, 14; 9:13, 15; 10:38-39; 15:24; 16:21-25; 17:12, 22, 23; 26:53-56 등 실로 사복음서에 가득하다. 그런데도 한국교회는 이제 강해설교는 할 수 있으나 구속사 성경 해석, 나아가 구속사 강해설교는 거의 못하고 있다. 그 결과 아직도 성경 인물 중심, 사물적 자연주의, 도덕과 윤리, 기본적 인본주의에서 탈피하지 못하고 있다. 그래서 궁여지책(窮餘之策)으로 하나님(성부)만 설교의

주제로 삼아도 구속사가 된다는 이론도 있다. 그러나 이것은 신론적
(神論的) 설교이지 그리스도의 구속사 설교는 아니다.

이 세상에 온전하신 구속주는 예수님뿐이시고, 그 구속을 역사
적·순차적으로 기록한 것은 성경 66권밖에 없다. 그렇기 때문에 성
경 해석도, 설교도 구속사 중심으로 해야 한다.

3. 성령 하나님의 증언

성경에는 성부 하나님과 성자 예수님처럼 메시아 오심의 구속사에
대하여 성령 하나님께서 직접 말씀하신 곳은 없다. 다만 사람들을
선택하시어 그들에게 영감으로 감동, 감화시켜 구속사적으로 성경을
기록하도록 하신 것은 여러 성경 본문에서 증명된다(사 1:1, 겔 1:1;
2:1-10). 성령께서는 근 1600년 동안 40여명의 성경 저자들을 택정
하사 그들에게 성경을 기록하도록 영감으로 충만하게 하셨다. 무엇
을 어떤 내용으로 기록하도록 감동하시는가?

그리스도의 구속과 그 구속사, 즉 창세기부터 말라기까지, 신약성
경의 십자가와 부활 그리고 승천과 재림까지 역사적인 순서를 기록하
도록 하셨다(요 20:30-31, 딤후 3:15-17). 구약 시대에 성령은 성경
기록자들을 통하여 인류를 구속하시는 메시아께서 반드시 오실 것인
데, 오시는 곳은 유대 땅 베들레헴이요(미 5:2), 그 이름은 임마누엘
이시고(사 7:14), 그분은 기묘자, 모사, 전능하신 하나님, 영존하시는
아버지, 평강의 왕이라(사 9:6-7)고 하셨다.

성령께서는 성경 저자들에게 메시아의 인류 구원 방법은 그리스도

의 십자가 보혈이라고 하셨다(신 21:23; 사 53:5-6; 말 3:13). 그렇기 때문에 성령 증언의 역사는 장차 이 땅에 아브라함과 다윗의 대를 통하여 메시아께서 오실 것인데(사 11:1), 그 메시아는 자기 십자가의 속죄와 부활과 영생을 믿는 자 구원하실 것이라는 구속의 역사적 순서를 창세기부터 말라기까지, 그리고 성육신 이후의 구속 역사를 마태복음부터 요한계시록까지 기록하도록 40여명의 성경 저자들에게 영감을 통하여 이루어졌다. 이 구속의 진행 순서, 내용이 바로 예수님의 구속사(史, history)이다(시 16:8; 110:1; 욜 2:28-32; 행 3:18-19, 21, 25).

예수님께서도 주님의 승천 이후 반드시 성령님께서 오실 것인데, 그는 또 다른 보혜사(保惠師 · 파라클레토스 · παράκλητος · counselor)라고 말씀하신다. 또한 그분께서 이 세상에 오셔서 하실 사역까지 제자들에게 가르쳐 주신다.

첫째, 예수님 대신 성도들과 함께 영원히 계신다(요 14:16-20).

둘째, 예수님의 구속과 구속사를 생각하게 하신다(요 14:25-26)

셋째, 구약 시대는 족장들에게 언약으로, 선지자들에게는 예언으로 오실 메시아를 자기 백성 유대인들에게 알게 하셨는데, 신약 시대에는 사도들과 전도자들에게 구원의 복음을 맡기셔서 천하만민들에게 전하도록 하신다(요 15:26-27).

넷째, 말씀을 듣는 모든 자들을 구속사 진리 복음으로 인도하신다.

이 네 가지를 종합해서 한 가지로 말한다면, 성령 하나님 강림의 목적은 오직 주 예수 그리스도의 구속사를 천하만민에게 증거하여,

믿는 자들을 구속사 진리 복음으로 인도하여 구원시킴으로 아들과 그 아버지를 영광스럽게 하시는 것이다(요 16:13-14). 이렇게 예수님으로 말미암아 하나님께서 보내신 성령님(요 14:16, 26)은 그리스도의 구속사를 증거하는 것이다. 이것이 성령님께서 이 세상에 오신 목적이고(욜 2:28-32), 성령님의 본래적 사명이다. 그러나 한국교회는 성령 하나님의 강림을 예수님께서 증언하신 "다락방 강화"(The Upper Room Discourse, 요 14-16장)는 전혀 생각하지 않고, 다만 사도행전 2장에 기록된 "오순절 성령 강림"만 생각하므로 성령님의 외적 사역인 은사로만 해석하고 있다. 이는 예수님께서 사도들에게 가르치신 성령님의 본질과 사명을 간과하는 해석이다. 그러므로 사도 바울은 고린도 교회의 은사론을 향하여 성령님의 본질적 보혜사와 구속사 증언의 사명을 망각한 것이라고 지적한 것이다.

한국교회의 오순절 교파 성령론도 구속사 진리 복음에서 너무 멀리 벗어나 있다. 오순절 성령 강림의 목적은 첫째도 예수님의 구속사 증거요, 둘째도 예수님의 구속사 진리 복음의 증거요, 셋째도 구속사에만 있다. 예수님께서 다락방 강화(요 14-16장)를 통하여 하신 말씀을 성취시기 위하여 성령님께서는 모든 성도들에게 은사를 골고루 각자에게 허락하신 것이다(고전 12:4-11; 28-31; 엡 4:11-16 참조). 성령님은 오직 충만하게 임하시어 땅 끝까지 그리스도의 구속사를 전파하게 하신다(행 1:8).

4. 사도들의 증언

승천하시기 전 예수님의 마지막 분부, "너희는 구속사의 증인이 되기 위하여 예루살렘을 떠나지 말고 오직 성령 강림을 기다리라"(행 1:4-5)는 말씀에 따라 약 일백이십 명의 제자들은 마가 다락방에서 오순절까지 성령 강림을 기다리다가 성령님에 의하여 모두 충만을 받는다(행 1:12-15; 2:1-14). 그 제자들 가운데 가장 성령 충만한 자는 사도 베드로였다(행 3:1-10; 5:12-16; 9:36-43 등)

(1) 베드로의 증언

가장 성령 충만한 베드로라면 얼마든지 한국교회의 다른 은사자들처럼 성령 충만에 대하여 말씀 하고 자기 자신의 여러 가지 전무후무한 은사를 드러내면서 자랑할 만도 한데, 베드로는 단 한 번 오순절 성령 강림의 목적에 대해서만 이야기 할 뿐이다(행 2:14-21). 그 이후로는 오순절 성령 강림에 대해서, 자기 은사에 대해서도 일언반구 말하지 않는다. 그리고 사도 바울이 등장하기 전까지(행 12:25) 베드로는 오직 주 예수 그리스도의 십자가 죽으심과 다시 사신 부활의 구속사만 말한다.

그는 다윗의 시편을 해석하면서, 예수님의 십자가와 부활을 시편과 연결시켜 고난과 부활의 소망으로 메시아를 예표하며 지은 시편임을 증거한다(행 2:22-36). 유대주의자들의 핍박에도 베드로는 조금도 굽히지 않고 왜 자신이 그리스도의 구속사 복음을 유대인들에게 전하지 않으면 안 되는지 구속사 진리 복음 전도의 당위성을 말한다(행 3:11-26; 4:5-12, 23-31).

뿐만 아니라 베드로 서신에는 전혀 자신의 성령충만과 전무후무한 이적, 기사, 은사에 대하여 일절 침묵하고 오직 기독론 중심의 구속사만 있다. 그의 서신에서 베드로는 성도들에게 우리 주님의 십자가 구속의 피와 부활의 영생이 있으므로 어떤 고난과 시련과 박해가 심하게 다가온다 할지라도 우리 주님의 구속과 영생을 믿음으로 참고 견디며 승리하자고 권면한다(벧전 1:13-21; 2:9-12, 18-25; 4:12-19; 벧후 2:9-22; 3:8-18 등). 베드로의 고난과 신앙과 신학 사상에 대해서는 저자의 신약 주석 중에서 베드로 서신을 참고하라.

(2) 바울 사도의 증언

유대인 바울(행 22:1-3)이 나사렛 예수를 쉽게 받아 들이지 못했던 이유는 다음 3가지 정도로 생각할 수 있다. ①이스라엘 중 가장 천하고 무지한 갈릴리 지방의 나사렛 출신이었기 때문이다(마 13:53-58; 요 1:45-46; 7:41, 52 등). ②율법, 특히 모세오경과 전혀 다른 가르침으로 무식하게 가르쳤기 때문이다(행 4:13; 24:5). ③가장 큰 것은 하나님의 저주를 받아 십자가에 못 박힌 큰 죄인이었기 때문이다(신 21:23). 그러다가 다메섹 도상에서 부활하신 예수님을 만나(행 9:1-9; 22:4-13; 26:9-18), 예수께서 십자가에 못 박히심이 자신의 죄가 아니라 무죄한 인간들을 위하여 대신 죽으신 대속임을 알게 되었다(갈 3:13; 4:4-5). 바울이 그동안 예수를 박해하고, 믿는 사람들을 죽이고(행 7:57; 8:1; 26:10), 교회마저 없애려고 하였던 이 패역무도한 범죄는 그 어떤 것으로도 용서될 수 없는 것임을 깨닫고 예수님의 사도가 되어 오직 복음의 증인이 된 것이다.

바울 사도의 성령충만과 그 넘치는 은사는 실로 베드로와 쌍벽을 겨루고도 남는다(행 19:11-12; 베드로와 비교 행 5:15-16). 그러나 베드로가 그러하듯 바울 또한 단 한 번도 자기 은사에 대하여 자랑하거나, 이를 남용하지 않았다(고전 14:18-19; 고후 12:2-10). 왜냐하면 예수께서 바울을 사도로 택하여 주의 종이 되게 하신 것은 은사주의에 매어 자기 자랑에 빠지게 하기 위한 것이 아니라, 주 예수 그리스도의 구속의 복음만을 천하만민에게 전하여 단 한 사람이라도 더 구원하기 위한 것이기 때문이다.

바울 사도의 구속사 진리 복음의 증거는 사도행전 13장부터 28장까지 일관되게 등장한다. 바울 사도는 안식일이면 유대 회당이나 성전에서 설교했는데 그 내용은 완전한 구속사이다(행 13:13-41; 17:2-4, 10-12, 32-34; 19:9-10). 이외에도 3년간 에베소 교회에서 사역할 때의 설교(행 20:17-21, 31-35), 사도행전 22장과 26장에서 유대인이나 천부장 앞에서 한 설교 또한 모두 그리스도의 인간 구원의 속죄와 부활의 교리, 즉 구속사 외에는 전하지 않았다. 바울 사도는 히브리서까지 모두 14권의 서신을 남겼다. 이 주옥 같은 서신에서 드러나는 것은 오직 구속, 구속사 외에는 없다. ①그리스도의 인간 창조 ②인간의 원죄와 자범죄 ③영육간에 사망 ④그리스도의 오심과 십자가, 부활의 구속 ⑤그리스도로 말미암는 영원무궁한 천국, 이 구속사의 5대 요소가 바울 사도의 서신에 충만하게 드러난다.

더 자세한 내용은 저자의 신약 주석을 참조하라.

(3) 요한의 증언

세례 요한의 증언은 짧고 단순하지만 온전한 구속사이다(마 3:11-12; 막 1:8; 눅 3:16-17; 요 1:29-36). 그러나 여기서 다루려는 것은 예수님의 제자, 사도 요한의 신앙과 신학사상 그리고 그의 설교이다. 사도 요한은 베드로와 바울 사도처럼 메시지를 전한 것은 나타나지 않는다. 그러므로 요한복음과 요한 1, 2, 3서와 요한계시록을 통해 나타나는 사도 요한의 신앙과 신학사상은 신론과 그리스도론이다.

신론에 있어서 사도 요한은 어느 복음서, 어느 신약성경보다 뛰어나게 예수님을 창조주 하나님으로 알린다(요 1:1-5; 14-18; 17장, 요일 1:1-4; 계 1:12-18; 4장, 19-22장 등). 철저한 어린 양 예수님의 인자 사상을 바탕으로 예수님을 심판과 구원의 권세를 가지신 천하만민의 구속자요, 심판주로 기록하고 있다. 예수님만이 우주 만물의 주재자요, 성경 기록의 주인이요, 우리 인간의 구주이신 것을 말씀한다.

왜 우리는 날마다 성경을 읽고 상고해야 하는가? 하나님의 말씀 성경 66권만이 우리에게 영생을 주시는 유일무이한 구원의 방식으로 예수 그리스도의 구속사만 증거하기 때문이다. 이는 예수님께서 우리에게 직접 말씀하신 것과 같다. "너희가 성경에서 영생을 얻는 줄 생각하고 성경을 연구하거니와 이 성경이 곧 내게 대하여 증언하는 것이니라"(요 5:39).

예수님 시대에는 신약성경이 기록되지 않았고 구약성경만 있었기 때문에 예수께서 말씀하신 성경은 구약을 가리킨다. 그럼 '구약성경의 모세오경, 시가서, 역사서, 선지자들의 글이 누구를 가리키는 말씀이냐'고 할 때, 바로 예수님에 관해 기록한 성경이라는 것이다. 이러한 구속사 성경의 원리는 복음서 곳곳에서 찾아볼 수 있다(눅 24:27, 44; 요 5:39; 20:30-31; 21:24, 25). 이 외에 사도 요한이 기록한 성경에 구속사 진리 복음이 차고 넘친다.

(4) 야고보의 증언

성경 전체를 통하여 예수님의 구속과 구속사는 크게 두 가지 측면, 신앙과 생활로 나타난다. 신앙의 측면은 예수님을 주와 그리스도, 하나님으로 믿고 모실 때 구원받는다는 영육간의 구속사이다. 생활의 측면은 믿음으로 사는 행함을 가리킨다. 예수님을 믿음으로 구원받는다는 것은 먼저는 확실한 신앙의 이신칭의요, 다음은 신앙(믿음)으로 나타나고 행해지는 실천적 삶이다.

예수님을 믿고 구원받는다는 이신칭의(以信稱義), 이신득구(以信得救)는 반드시 믿는 자의 생활, 그 행위로 믿음이 입증되어야 한다. 한국교회의 큰 문제는 이신득구(以信得救)는 있으나 이신실행(以信實行)이 없다는 것이다. 예수를 믿음으로 구원받으니 행함은 중요하게 생각하지 않는다. 그래서 언필칭(言必稱) 바울 사도의 믿음의 구원 서신인 로마서와 갈라디아서는 있으나, 야고보서의 믿음으로 행해야만 하는 실천은 없다고 한다. 야고보는 "행함이 없는 믿음은 그 자체가 죽은 것이기 때문에"(약 2:17, 26) 행함 없는 믿음으로 구원 받지 못한다고 한다. 왜냐하면 그 믿음이 생활로 증명되지 않은 것은 참 믿음이 아니기 때문이다(약 2:14-26).

예수님께서도 행함이 없는 선지자(설교자)는 거짓 선지자이기 때문에, 예수님과는 아무 관계가 없으므로 멸망한다고 하셨다(마 7:15-23). 우리는 인간이 행함이나 선행의 공로, 자기 노력으로 구원받지 않고, 오직 믿음으로만 구원받는다는 말에 속아서는 안 된다. 이것은 성경적으로 대단히 그릇된 말이기 때문이다.

바울서신 14권에도 믿음으로 구원받고, 행함으로 구원받는다는 말씀이 가득 차 있기 때문이다. 바울서신 전반부는 믿음의 신앙, 후반부는 행함의 실천이다. ①로마서 1-11장은 교리, 12-16장은 실천이다. ②고린도전서 1-12장은 믿음, 13-16장은 행함이다. ③고린도후서 1-8장, 9-13장 ④갈라디아서 1-4장, 5-6장 ⑤에베소서 1-4장, 5-6장 ⑥빌립보서 1-3장, 4장 ⑦데살로니가전서 1-3장, 4-5장 ⑧데살로니가후서 1-2장, 3장 ⑨히브리서 1-11장, 12-13장 등. 이렇게 바울서신 14권에는 믿음으로 실천해야 하는 생활이 똑같이 기록되어 있다.

예수님께서 가르치신 산상수훈도 믿고 구원받는 이신득구가 아니라, 믿는 자의 생활 실천이다. 마태복음 5장은 천국 백성의 자격, 6장은 천국 백성의 생활, 7장은 천국 백성의 경계가 주제이다. 그렇기 때문에 '믿음으로 구원받고 행함으로 구원받는 것은 아니다'는 말은 대단히 잘못된 것이다. 성경 어디에도 그와 같은 교리는 없다.

구약 시대 아브라함에게도 믿음만 있었던 것은 아니다. 믿음에 따르는 행위가 있었다(약 2:19-26). 모세도 믿음만 가진 것이 아니라 그 믿음으로 자기 백성을 가나안으로 인도하여 내는 구속사의 행위가 있었다. 여호수아도 큰 믿음이 있었고, 바로 그 믿음으로 요단 강을 건넜고, 여리고 성을 일곱 번 도는 행위가 있었다. 다윗을 보라. 그에게 여호와 하나님을 믿는 절대적인 신앙만 있고, 골리앗을 쳐 죽이려는 행동이 없었다면 어떻게 이스라엘을 골리앗의 손에서 구원하여 냈겠는가?

바울 사도가 말하는 행위 구원, 선행의 공로를 통한 구원, 자기 노력 구원 등은 예수님을 믿는 신앙과 관계되지 않는다. 예수님을 떠난 불신자들을 가리키는 말이다. 이방 종교의 구원을 뜻하기도 한다. 세상적인 구원관은 예수님을 믿고 그 믿음 안에서 행해지는 행위를 말하지 않는다. 예수님을 안 믿어도 인간의 행위, 인간 자신의 공로, 인간의 노력으로 구원에 이른다는 것을 내세운다. 그래서 바울 사도는 그와 같은 행위로는 구원받을 수 없다는 것을 말한다. 바울 사도도 야고보처럼 행위로 나타나지 않는 믿음이란 기독교의 믿음이 아니라고 한 것이다.

오늘날 극단적인 칼빈주의자들은 율법폐기론자들이 되었다. 칼빈의 교리 모토(Doctrin Motto)가 오직 성경(Sola Scriptura), 오직 믿음(Sola Fide), 오직 은혜(Sola Gratia)이기 때문에 신앙의 행위는 등한시한다. 믿음으로만 구원받기 때문이다. 어떤 교인은 자기는 이미 창세전에 선택되었고, 믿음으로 구원받았으니 어떻게 행하여도 지옥은 가지 않는다고 하면서 로마서 8:31-39을 근거로 든다. 이는 성경 모독이요, 참으로 위험천만한 주장이다. 이는 무신앙, 무행위, 율법 폐기론자이다. 성경 어디에도 그와 같은 교리는 없기 때문이다. 예수님을 믿는 구속사 신앙은 반드시 믿음으로 드러나는 실천적 행위의 증거가 있어야 한다.

로마서, 갈라디아서의 믿음, 그 신앙의 구원이란 반드시 행함으로 그 믿음이 드러나는 야고보서가 있을 때 믿음의 구속사, 행위의 구속사가 성립된다. 천하의 바울 사도도 구원받지 못할까 항상 자기 믿음을 행위 가운데 살폈다(고전 9:27; 15:31). 엄청난 보화를 가진 자는 빼앗기거나 잃어버리지 않으려고 늘 지키고 잘 간수한다. 믿음의 구원은 천국 보화인데 어찌 함부로 행동하랴. 잃어버리거나 사탄에게 빼앗기지 않으려고 항상 조심스럽게 행동한다. 만약 믿음이 있으니 나는 구원받았다고 하면서 그 믿음에 반하는 행위를 하는 자는 실상은 구원받은 자가 아니다. 가지고 있는 보화를 함부로 대할 수 없기 때문이다.

베드로전서 2:11-17; 3:13-17을 숙고하라. 성경적 구원은 믿음만으로 얻는 구원이 아니다. 행위적, 실천적 생활, 자기 노력의 힘씀이 합해지는 믿음+행위=구원이다. 불신자들의 행위, 선·의의 공로, 자기 노력의 힘씀은 믿음도 구원도 전혀 아니다. 바울서신에서 말하는 행위 구원이란, 바로 세상적 구원관을 말하는 것이기 때문에 우리가 배격해야 하겠지만, 그리스도 안에서 행해야 하는 믿음으로 말미암는 자선행위, 인간 공로, 구원의 노력은 믿음과 더불어 구원받는 행위의 구속사이다. 성도의 완전한 구원이란, 오른손에는 로마서와 갈라디아서를 왼손에는 야고보서를 가지고 있어야 한다(보다 자세한 내용은 저자의 신약 주석 중 야고보서 2장 다음에 있는 "바울과 야고보의 믿음과 행위의 조화성"을 참고하라).

구약의 구속사 해석과 설교

2부 레위기

2부 레위기

서론

레위기는 하나님이 열방 중에서 히브리 민족을 제사장의 나라로 선택하여 장차 언약의 땅 가나안에 오시는 메시아를 바라는 믿음으로 구원을 받고, 성막에 나가 어떤 제사(예배)를 드려 '하나님의 거룩한 백성들이 될 것인가' 하는 교회의 예배론이다. 또한 언약의 땅 가나안에 인류의 구속을 이루려고 오실 메시아를 모시려면 '어떻게 살아야 하는가' 하는 히브리 민족의 신앙 철학과 도덕 윤리의 강령이다.

1. 명칭

본서의 히브리어 명칭은 '와이크라'(וַיִּקְרָא)로 이 칭호는 유대인의 관례를 따라 붙여진 것으로 '또 부르시고' 이다. '레위기(the Leviticus)' 란 명칭은 70인 역(LXX)에서 유래하였고, 우리가 사용하는 명칭이기도 하다. 라틴역(Vulgate)이나 흠정역(KJV, AV)도 같다. 그러나 원래 '레위기' 라는 칭호는 야곱의 열두 아들 중 셋째 레위에서 온 이름으로, 히브리 민족의 제사 제도 집행이 레위 지파에 맡겨졌기 때문에 '레위인에게 맡겨진'으로 되어 있다. 탈무드 (Talmud)에서는 '제사장의 율법'(תּוֹרָה כֹּהֲנִים · 토라 코하님)으로 불린다.

2. 연대

모세오경은 모세가 쓴 책이기 때문에 출애굽(B.C.1446년) 이후 모세가 죽을 때까지(B.C.1406년)의 기간으로 잡으면 된다. 기록 시기는 학자마다 약간의 차이가 있으나 창세기를 B.C.1446년에 기록된 것으로 보면, 레위기는 B.C.1444년 정도일 것이다. 모세오경의 저자를 모세로 보지 않으려는 소위 고등비평의 문서설은 모세 사후에 썼다고 하며 B.C.1290년경으로 본다. 그러나 모세오경, 특히 레위기가 모세의 저작이 확실하다고 할 수 있는 것은 레위기 27장에 무려 20장에 걸쳐 "여호와께서 모세에게 일러 가라사대"로 시작하는 표현이 56회나 되기 때문이다.

3. 내용

레위기의 전체 내용은 하나님과 인간 사이의 친교다. 신인(神人)간의 교제는 거룩함이다. 인간이 하나님과 사귐을 가지려면 하나님처럼 거룩해야 한다. 그 거룩함은 첫째, 성막 생활이다. 성막에 나가 하나님께 제사(예배) 드리므로 원죄와 자범죄를 씻고, 하나님처럼 신령하고 거룩하게 되어야 한다. 둘째, 이방 사람들과 구별된 삶이다. ①

우상 숭배의 단절 ②이방인의 풍속과 교제의 단절, 광야에서부터 철저한 단절이다. 하나님 백성의 성결, 순결, 정결, 거룩함으로 이방인의 타락과 부정부패를 막으려는 하나님의 거룩하신 뜻이다. 구속사 메시아 백성의 순연(純然)한 생활은 초림하시는 그리스도로 완성된다(17장~27장).

4. 목적

히브리 민족은 무슨 목적으로 멀고 험준한 광야를 지나 가나안 땅으로 가야 했는가, 이것은 레위기뿐만 아니라 모세오경의 목적이다. 애굽에서부터 가나안까지 가는 길은 허허벌판이다. 주인 없는 빈 땅이 광활하게 펼쳐져 있다. 만약 이스라엘 백성이 에서의 자손 에돔이나 이스마엘의 자손 아말렉처럼 어디서나 터를 잡고 나라를 세우려고 했다면 얼마든지 바란 광야, 술 광야, 에담 광야, 시내 광야, 신광야에 국가를 세울 수 있었다. 그 당시 80%가 비어있는 땅이었기 때문이다. 그러나 이스라엘은 하나님의 메시아 성탄 언약이 가나안 땅에만 있으니(창 12:7, 13:14-17, 15:16-21, 26:2-5, 28:13-15 등) 모든 광야를 지나 가나안 땅에 이른 것이다.

가나안 땅을 정탐하고 온 자들의 보고에 의하면 그들은 우리보다 크고 강하기 때문에 전쟁하면 다 죽을지도 모르니 차라리 애굽으로 돌아가자고 아우성을 친다(민 14:1-4). 다시 애굽으로 돌아가자는 이스라엘의 소동은 반역이라기보다 차라리 주인 없는 그 땅으로 가서 나라를 세우자는 이유 있는 외침이라 할 수 있다. 그러나 메시아 계시 언약의 구속사로 볼 때는 하나님께 반역이요, 언약의 배반이다. 왜냐하면 하나님께서는 이미 히브리 민족의 3대 족장 아브라함, 이삭, 야곱에게 가나안 땅을 주실 것인데 바로 그 언약의 땅에서 유대인의 메시아, 온 인류의 구세주 예수 그리스도께서 오실 것이기 때문이다. 그렇기 때문에 모세가 하나님의 명을 받고 시내산에서 성막을 건립한 것도 가나안 땅에 오실 메시아를 뵙고자 하는 메시아 모형의 예표이다.

이스라엘은 왜 거룩해야 하는가? 장차 오실 메시아의 거룩한 백성이 되어 그와 친교 하기 위해서다. 성막에서 드리는 모든 제사는 메시아의 땅 가나안에서 그리스도의 속죄 피로 죄 씻음 받는 골고다 십자가의 표징이다.

레위기의 기록 목적은 신약 히브리서가 답이다. 메시아 오심의 구속사 언약이 레위기라면, 언약의 성취로 오신 분이 히브리서의 그리스도다. 레위기에는 오실 메시아의 구속사가 5대 제사의 속죄 피로 언약 되어 있다. 히브리서는 짐승 피로 인한 속죄가 아니라 실존하시는 예수 그리스도의 골고다 십자가의 피로 속죄가 실현되었다. 레위기의 모형과 예표가 히브리서에 사실화된 것이다(히 9:11-15, 10:10-14, 13:10-13).

5. 특징

모세오경에서 레위기는 가장 히브리적인 색채가 강한 성경이다. 광야 생활 중에 성막을 만들어 히브리 민족과 하나님이 친교한 것이 레위기다. 레위기에서 이스라엘 백성들은 바란 광야를 지나는 동안에 하나님께서 함께 하지 않으시면 약속의 땅, 가나안에 들어갈 수 없다는 것을 잘 알고 있었다. 그래서 무려 일 년이나 시내산에 머물며(출 40:17, 민 1:1) 성막을 짓고, 그 성막과 함께 가나안 땅을 향하여 간 것이다. 가나안까지는 불과 열 하룻길이다(신 1:2). 그렇다면 성막 하나 짓는다고 일 년을 길에서 허비할 것이 아니라 하루빨리 가나안 땅으로 가서 성막을 지어도 늦지 않는다. 그러나 하나님께서는 이스라엘 백성이 하나님 말씀의 기준이 없으면 살아갈 수 없는 존재인 것을 아시고, 임재의 성산 호렙산에서 율법을 주시고, 성막을 만들어 하나님과 함께 가나안으로 가신 것이다(출 33:14).

또한 레위기는 이스라엘이 하나님과 동거하기 위해서는 하나님처럼 거룩해야 할 것을 가리킨다. 그러므로 본서에는 '거룩' 이란 말씀이 무려 90번이나 나온다. 족장들에게 언약하신 그 땅은 메시아가 오실 거룩한 곳이요, 메시아의 속죄 피로 구속을 이루실 신령한 땅이고, 그곳에서 거룩한 구속사의 백성을 만들어야 하므로 가나안으로 가야만 했다. 출애굽부터 이스라엘 백성은 거룩해야 했다. 그래서 먼저 성막을 만들고, 매일 짓는 죄에 대해 속죄하도록 한 것이다. 특히 육체적 성결이 먼저 되어야 영적인 성결도 이루어질 줄 알고 물두멍에 손과 발을 씻고 난 후에 놋 제단에서 죄를 용서받도록 한 것이다. 죄를 범한 몸으로는 언약하신 새 땅 가나안에 들어갈 수 없다. 들어가기 전 광야에서 몸과 영이 거룩해야 한다.

6. 구속사

레위기는 주로 제사와 각종 정결 예식을 다루고 있는데 그 모든 것은 장차 언약의 땅 가나안에 오셔서 친히 희생 제물이 되실 예수 그리스도의 구속을 가리킨다. 또한 각종 제사의 중추적 역할을 감당하는 제사장과 대제사장은 온 인류와 모든 사람을 대신하는 하나님의 중보자로 대속의 제물이 되시는 예수님을 예표 한다.

언약하신 가나안까지는 열 하룻길이다. 그렇다면 시내산에서 일 년을 머물면서 성막을 만들 것이 아니라 가나안 땅으로 빨리 가서 성막을 만드는 것이 시간적, 경제적으로 이익이다. 그런데도 하나님은 일 년 동안 호렙산에 머물면서 성막을 다 짓고, 그 성막을 모시고 가나안으로 가게 하셨으니, 성막은 예수님의 모형으로 예수님 없이 가나안 땅은 전혀 언약의 땅이 아님을 가리킨다. 그렇기 때문에 레위기는 오실 메시아의 구속사가 없이는 도무지 성경해석과 설교가 되지 않는다.

첫째, 5대 제사에 나타난 메시아의 구속사

(1) 번제 (1, 6장)

메시아로 오시는 그리스도께서는 인류 구속을 위해 성부 하나님의 뜻에 철저하게 순종하셨고, 마침내 자기 백성과 인류의 구원을 골고다 십자가의 번제로 성취하셨음을 나타낸다.

(2) 소제 (2장)

오직 하나님을 위해 무죄하신 메시아의 순결한 봉사를 예표 한다 (요 4:34, 17:4).

(3) 화목제 (3, 7장)

하나님과 죄를 범한 인간을 화해시키기 위해 친히 십자가에 달려 돌아가신 메시아 그리스도의 사랑을 나타낸다(롬 3:25, 고후 5:18-21, 엡 2:16-18, 요일 2:2, 4:10).

(4) 속죄제 (4, 5, 16장)

우리 죄를 대신하여 골고다 십자가에 못 박혀 돌아가신 메시아 예수님을 가리킨다(요 1:29, 히 10:10-12). 소제는 예수님의 육체적 죽음을, 속죄제는 그리스도의 영적인 죽음을 상징한다.

(5) 속건제 (5, 7장)

거룩하신 종으로 오신 하나님께서 인류의 죄에 대한 대가를 메시아께서 대신 갚아 주실 것을 예표 한다(골 2:13-14). 본서에 나타난 5대 제사는 예수님의 절대적인 구속이다.

둘째, 대제사장에 나타난 메시아의 구속사

범죄한 인간은 하나님께 나갈 수 없다. 그래서 하나님께서 아론과 그의 아들을 제사장으로 세워 신인(神人)간의 중보자가 되게 하셨다. 구약의 대제사장은 짐승의 피로 제물을 삼아 인간의 죄를 사해 주었다. 이는 메시아가 오시기 전까지다. 하나님은 독생자를 세상에 보내셔서 인류의 죄를 속죄하시기 위해 자기 아들을 십자가에 죽이시고, 그 보혈로 모든 죄를 사해주셨다. 그러므로 예수님의 십자가 보혈이 우리를 살린 것이다. 이제 우리의 중보자, 보혜사(保惠師 · παράκλητος · 파라클레토스, 요일 2:1)는 예수 그리스도밖에 없다.

레위기는 메시아 제사법의 구속사이고, 히브리서는 성취된 메시아의 구속사이다. 레위기와 히브리서는 각각 대제사장(제사법, 율법)과 복음의 진리(대제사장 그리스도)에 대한 내용이다. 이 두 성경은 구속사의 언약과 성취로 예수님의 십자가 사역을 통해 완성되었다(히 5, 7, 9, 10, 13장 참조)

셋째, 각종 절기에 나타난 메시아의 구속사

(1) 안식일(23:1-3)

참 안식의 주인이신 예수님을 통한 신약의 주일을 가리킨다(마 12:8). 신약의 안식일은 주일로 가나안 안식의 대행이요, 가나안의 안식은 새 하늘과 새 땅(神天新地 · 신천신지), 영원무궁한 천국의 표상이다. 옳게 안식해야 구원이 온다.

(2) 유월절(23:4-5)

그리스도 십자가 구원의 표상으로 죄의 해방과 자유를 가리킨다

(고전 5:5-8, 7:20-24).

(3) 무교절(23:6-8)

우리의 정결한 영혼과 거룩한 삶을 위해 희생하신 예수님의 헌신을 가리킨다(고전 11:24).

(4) 초실절(23:9-14)

부활의 첫 열매이신 예수님을 가리킨다(고전 15:20-23).

(5) 오순절(23:15-22)

성령님 오심의 약속이 그리스도로 말미암아 이루어졌다(요 14:16, 행 2:1-3).

(6) 나팔절(23:23-25)

하나님의 영광중에 재림하실 그리스도를 예표한다(살전 4:16).

(7) 초막절(23:33-34)

예수 그리스도의 재림으로 완성될 새 하늘과 새 땅의 기쁨의 축제를 예표 한다(계 21:1-3).

7. 예배

레위기의 총 주제는 하나님께 드리는 제사(예배)이다. 학문적인 제사 법전을 생활로 행동화하는 예배학이다. 그러므로 구약시대 레위기의 제사 제도는 신약 성경에서 예배 신학의 모형이다. 구약시대 예배는 광야의 성막이었고, 솔로몬 성전 후에는 시온 성전, 포로시대 후에는 회당이었다. 신약시대는 예배 장소가 예배당(교회당)이지만 반드시 지정된 어떤 장소적 개념보다 영과 진리로 예배한다면 장소는 불문(不問)이다(요 4:24).

레위기에서 메시아의 초림 전까지는 짐승을 제물로 드리는 제사였지만, 신약의 히브리서는 그리스도께서 갈보리 십자가에 못 박혀 돌아가신 그 몸을 하나님께 드리는 속죄 피의 예배였다. 그러므로 전자의 예배는 그리스도 희생 제사의 모형이요, 후자의 예배는 그 자신이 직접 드리신 예배로 레위기의 제사와 히브리서의 예배는 같은 것으로 본다.

레위기의 구속사 성경 해석

430년 애굽의 노예 생활에서 해방된 히브리 민족은 시내산에서 1년 동안 체류하며 모세를 통해 십계명과 율법을 받았다(출 19~24장). 이스라엘 백성은 언약의 땅 가나안에 입성할 때까지 광야에서 하나님께 제사 드릴 성막을 지어(출 25~40장) 하나님 거룩한 백성의 도리를 다했다. 레위기는 선민 이스라엘이 하나님께 나가는 제사 법전(1~16장)과 생활 실천의 강령(17~27장)이다.

제 1강 번제에 관한 규례

본문 : 레위기 1장

레위기의 대 주제는 하나님께 드리는 제사, 곧 예배다. 인간이 하나님께 예배를 드리려면 하나님을 찾아 봬야 한다. 모세는 시내 산에서 1년간 머물면서 하나님을 찾아뵙는 회막을 만든다(출 40:22-34). 사람이 회막에서 하나님을 만날 수 있는 조건은 '거룩함과 성결'이다. 레위기는 깨끗하지 못한 죄 많은 인간이 어떻게 하나님을 회막(성막)에서 알현(謁見)할 수 있는가를 기록한 책이다. 먼저 자기 죄를 깨끗이 씻어야 한다. 하나님은 사람이 자기 죄를 다 씻고, 정결하고 거룩하게 되는 다섯 가지 방법을 말씀하셨는데 번제, 소제, 화목제, 속죄제, 속건제다.

첫째, 가축으로 제사를 지내라(1~2절)

이스라엘은 애굽을 떠난 지 3개월 만에 시내 광야에 이르렀다(출 19:1). 그 시내산에서 약 1년간 머물면서 모세가 십계명과 율법을 받았다(출 19:3). 성막과 회막을 지은 후(출 25, 31, 35~40장) 회막에서는 하나님과 대면 하고, 성막에서는 죄 사함을 위하여 가축을 번제로 드리면서 5가지 제사를 지냈다. 따라서 레위기는 출애굽기의 연장이다.

하나님과 교제를 위한 '만남'의 유일한 방법은 가축의 생피다. 생혈(生血)이 아니면 인간의 죄를 씻을 수 없다. 아담의 원죄로 모든 인간이 사망에 이르게 된 것은 생령이 죽게 된 것인데(창 2:7) 그것은 영원한 사망이다. 이는 생혈(生血)이 사혈(死血)이 된 것이다(창 4:10-11, 계 16:6). 죽은 피로는 원죄뿐만 아니라 자기 죄도 씻을 수 없다. 생혈이 아니면 원죄와 자기 죄를 씻을 수 없기 때문에(17:11, 14, 히 9:22) 생피(生血)를 얻기 위해 짐승을 희생 제물로 삼은 것이다. 그러나 어찌 영혼도 없는 짐승의 피가 영적인 인간의 원죄와 자기 죄를 사할 수 있으랴.

성막에서 희생되는 가축의 피는 장차 언약의 땅 가나안에서 성탄하시고 자기의 속죄 피로 모든 인류의 죄를 사해 주실 예수 그리스도의 보혈을 상징한다(히 9:11-15, 10:1-4, 10-14절). 그렇다면 구약 선민의 구원은 짐승의 피로 속죄된 것이 아니라 짐승의 피로 예표된 메시아 예수 그리스도의 보혈로 죄 용서 받고 구원에 이르게 된 것이다.

둘째, 소의 번제(3~9절)

모세오경의 다섯 가지 제사 중에서 가장 많이 나오는 제사는 번제인데 레위기에만 54회 나온다. '번제(עֹלָה·올라 Burnt sacrifice)'라는 뜻은, 동사 '올라간다(עָלָה·알라)'에서 온 말로 번제, 희생으로 번역한다. 가축을 번제단 위에서 불로 태울 때, 그 연기가 위로 올라가는 것을 가리킨다. 이 제사는 하나님께 불태워 바치기 때문에 제물을 드리는 자의 몫은 없다. 그러므로 '온전한 번제'(whole offering)라고 한다(신 33:10, 삼상 7:9, 시 51:19). 70인역(LXX, ὀλοκαύτωμα, 홀로카우토마 a whole burnt-offering)은 '완전히 태우는 제사'라고 하였다.

※ 번제물에 대하여

(1) 정결한 가축으로 소나 양, 염소를 드릴 때는 흠 없는 수컷으로 하고(1:3, 10), 새로 드릴 때는 산비둘기나 집비둘기 새끼로 한다(1:14). 이는 오시는 메시아의 상징으로 메시아는 무죄하신 분이고(요일 3:5), 남자로 오실 것을 가리킨다(마 1:21). 여기서 남자는 아담처럼 사람의 대표이다.

(2) 번제물의 머리에 안수한다(1:4). '안수한다(יָד, וְסָמַךְ · 왜싸마크 야도)'는 뜻은 '그의 손을 놓다'로 ①자신을 제물과 일치시킨다(Merrick). ②자신의 죄를 제물에 전가한다는 것을 가리킨다. 하나님께서는 메시아를 골고다 십자가의 번제물로 삼고 모든 사람의 죄를 자기 아들에게 전가하셨다(사 53:5-6, 롬 4:25, 벧전 2:24).

(3) 번제물의 피는 회막 문 앞 제단 사방에 뿌리고(1:5), 그 뼈와 각 부분은 하나도 남김없이 제단 위에서 불살라 태운다(1:6-9). 이는 유월절 어린양 예수 그리스도의 피를 가리키는 것으로 출애굽 때 문설주와 인방에 어린양의 피를 발라 죽음의 사자로부터 구원시켰다

(출 12:7-10). 메시아가 골고다 십자가에서 흘린 보혈로 만백성의 죄가 사함 받는 십자가 고난을 예언한다(히 13:11-13, 시 22:12-21, 마 27:27-31, 요 19:31-37).

(4) 번제물을 바치는 자의 정성이다. 고대 이방 세계의 제사 제물에는 심지어 자기 자녀를 우상에게 불태워드리는 인신 제물도 있었지만(18:21, 20:1-5, 신 18:9-11), 하나님께서는 이런 제사를 막으실 뿐만 아니라 억지 제사가 되지 않도록 형편껏 제물을 드리라고 하셨다. 제물은 소, 양, 염소, 비둘기, 곡식으로 이는 제사 제물의 큰 것보다(암 5:21-24, 미 6:6-8) 드리는 자의 정성에 있었기 때문이다.

(5) 향기로운 번제가 되도록 하라. 번제물의 피는 제단 사방에 뿌리고, 제물은 전체를 불살라 태우는 것이 하나님께서 흠향하시는 향기로운 냄새라고 하셨다. 짐승의 피는 사방에 뿌려지고 그 고기가 태워질 때마다 피비린내가 나고, 살과 뼈가 타는 연기 또한 역겨울 것이다. 번제단에 올려진 제물이 불태워질 때마다 제사 드리는 사람의 죄도 불태워진다. 하나님께서 가장 역겨워 하시는 것은 인간의 죄다. 인간의 그 역겨운 모든 죄가 불살라 없어지기를 바라고 계신다. 그래서 저주의 심판을 상징하는 놋 제단위에 제물을 올려놓고 불살라 태워버리신다. 인간의 죄가 얼마나 역겨웠으면 자기 아들에게 모든 죄를 뒤집어씌워 골고다 십자가에 못 박아 죽였겠는가. 독생자의 십자가 번제단의 불길 속에서 모든 인간의 죄가 불태워 없어질 때, 하나

님께서 매우 만족하시며 기뻐하셨다. 그러한 예수 그리스도 골고다 십자가의 제물을 가리켜 '향기로운 제물과 희생 제물'(엡 5:2)이라고 하셨다.

셋째, 양이나 염소의 번제물(10~13절)

하나님께서는 제물의 값을 헤아리지 않으신다. 각자의 형편대로 하기를 원하신다. 소가 없으면 양이나 염소로 대신하라고 하셨다. 다만, ①흠 없는 제물이어야 된다. 제물을 불태워 드리는 것은 그 죄와 흠을 없애기 위함이다. ②수컷으로 드려야 한다(1:10). 이는 예수 그리스도가 오실 때까지 한정된 기간만 짐승으로 드린다.

예수님은 하나님의 아들로 오신다고 말씀하셨다(사 7:14, 9:6, 마 1:21, 23, 3:17, 요 1:45, 롬 1:3, 9, 5:10, 8:3). 여기서 예수님을 아들이라고 하는 것은 남자는 성별(性別)로 아담이 모든 인간을 대표하는 것처럼(롬 5:14) 예수님의 하나님 아들 칭호 또한 구원받은 자의 대표자 칭호라고 할 수 있다(롬 8:3-4, 14-15절).

먼저, 드리는 제사의 제물이 수소지만 성경에는 소의 제물보다 대부분 양의 제물만 나온다. 이는 이스라엘 백성의 생활 정도가 소를 바치기 쉽지 않기 때문이다. 성경은 예수의 희생 제물을 소로 예표하는 곳은 거의 없고 모두 '번제물의 양'으로 말씀한다(사 53:7, 렘 11:19, 요 1:29, 36, 행 8:32, 벧전 1:19). 양과 염소를 잡아 놓 번제단에 올려놓고 그 제물 전체를 불태울 때, 그 타는 냄새와 연기가 하나님의 눈에는 '향기로운 냄새'가 된 것이다. 이는 짐승의 피 냄새다(1:9, 창 8:20-21, 고후 2:15, 엡 5:2, 빌 4:18). 어찌 짐승의 피비린내 나는 역겨운 냄새가 하나님께 향기로운 냄새가 될 수 있는가?

그 피는 모든 인간·온 인류를 구원하기 위해 세상에 오시는 예수 그리스도 골고다 십자가의 보혈이다. 예수 십자가 구속사의 피로 말미암아 믿는 자들의 죄가 용서되어 하나님의 자녀가 된다. 골고다 번 제단에서 예수님의 피로 구속되는 백성들을 볼 때, 그 피 냄새는 하나님께 향기로운 냄새라는 것이다. 이렇게 구약시대의 제단에는 언약하신 메시아의 피가 넘쳐흘러 모든 죄가 용서되고, 하나님 구속사의 향기로운 냄새로 가득했다.

금일 한국 교회 강단에는 예수님의 피는 없고, 구속사 보혈과 전혀 관계없는 꽃들로 채워져 있다. 강단 벽에 붙여 놓은 표어는 눈이 어지러울 정도다. 어찌 이것이 하나님께 향기로운 냄새겠는가. 예배당에 오면 놋 제단의 골고다 십자가에서 돌아가신 그리스도의 피가 내 몸과 영혼을 씻는 성결함이 있어야 한다.

넷째, 비둘기의 번제물(14~17절)

이는 가난한 자들이 하나님께 드리는 제물이다(1:14, 5:7, 12:8). 그러나 그것에도 미치지 못할 때는 고운 가루 십 분의 일 에바를 드려도 된다(5:11). 하나님께 드리는 모든 봉헌물은 어느 것도 강제나 억지가 아니라 자원하는 예물이다(고후 9:5-7). 예수님의 가정도 빈곤했기 때문에 그 부모가 아기 예수의 정결 예식 때, 하나님께 드린 제물은 비둘기 두 마리였다(눅 2:24). 예수님은 부자의 많은 예물보다 가난한 과부의 적은 예물을 더 기뻐하셨다(막 12:41-44, 눅 21:1-4).

교회의 사정이나 형편에 따라 억지로 헌금을 강요할 수 없다. 그것은 하나님께 바른 봉헌이 아니다. 하나님께서 특별히 새 중에서 비둘기를 번제로 삼으신 것은 ①가난한 중에도 적은 값으로 준비할 수 있는 제물이었다. ②계시 언약의 지정된 제물이었다. ③정결한 새였다(신 14:20). ④성부께서 아들 예수님을 메시아 구속사로 승인하실 때, 성령이 비둘기 모양으로 임하셨기 때문이다(마 3:16, 막 1:9-10, 눅 3:22).

제 2강 소제에 관한 규례

본문 : 레위기 2장

레위기에 기록된 5대 제사 중에서 4가지는 동물성 제물인데 '소제 (מִנְחָה · 민하 · a grain offering)'는 식물성 곡물이다. '소제'의 어원은 사용하지 않는 어근인 '마나흐(מָנַח)'에서 유래하였다. 주권자에게 바치는 '증세'(삿 3:15 공물, 삼하 8:2, 6 조공)나 '예물'(창 43:11, 시 96:8, 대하 17:11)을 가리킨다.

어떤 성경에는 동물과 곡물의 구별 없이 적용되는 곳도 있지만(창 4:3-5), 본서에는 '곡물성 제사 제물'로만 나온다. 그러나 5대 제사 중 어떤 제사든지 피가 없이는 속죄될 수 없다(17:11, 히 9:22). 예수 그리스도의 골고다 십자가 피의 예표가 되어야 하나님께서 그 제사를 받아주시기 때문이다. 따라서 소제에도 피 흘리는 제물을 겸해야 한다(23:12-13, 출 29:38-41, 민 15:5-6). 소제물에는 누룩이나 꿀을 넣어서는 안 되고, 고운 가루에 기름을 섞고, 소금을 치고, 첫 이삭을 볶아 찧은 것으로 소제를 삼아야 한다(2:11-16). 그러나 가장 중요한 것은 소제가 하나님 전에 열납 되려면 반드시 피가 있어야 하는데 소제는 곡식 제물이기 때문에 어쩔 수 없이 다른 피의 제사와 겸해야 했다.

그 경우는, ①백성들이 정기적으로 드리는 제사(민 28:5) ②유월절 기간에 드리는 제사(23:4-13) ③나실인의 서원이 끝났을 때 드리는 제사(민 6:15-17) ④제사장 위임식에서 드리는 제사(8:26-28) ⑤화목제 및 특별히 드리는 제사(7:11-14, 민 15:1-10)였다.

다른 모든 제사는 가축의 피 제사지만 소제는 곡물이기 때문에 다른 제사와 함께 해야 했다. 이는 장차 언약의 땅 가나안에 오셔서 골고다 십자가의 피로 모든 인간의 죄를 속죄하실 예수 그리스도의 속죄피를 가리킨다(히 9:22). 그렇기 때문에 다른 4가지 제사가 구속의 피 제사라면, 소제는 그 피의 구속으로 구원해 주신 성부, 성자에 대한 은혜의 감사 제사이다.

첫째, 고운 가루로 드리는 소제(1~3절)

다른 제사가 인간의 죄를 씻기 위한 그리스도 대속의 피 제물이라면, 소제는 메시아의 속죄 피로 구원받음에 대한 감사와 은혜의 찬양이다. 그러므로 전자의 제사는 영혼을 소생시키는 영적 예배요, 후자의 소제는 육신을 정결하게 하는 생활 예배로 그리스도의 신성과 예수의 인성을 나타낸다.

곡식·곡물로 하나님께 제사하는데 한 개의 거친 덩어리가 아니라 잘 빻은 '고운 가루(סֹלֶת·쏘레트·of fine flour)'이다. 이는 예수 그리스도의 순종의 생애를 의미한다. 주님께서는 성부에게 절대 순종하심으로 세상에 오셨고, 자라실 때도 아버지께 순종하셨다(눅 2:51-52). 알갱이가 섞여 있는 거친 순종이 아니라 곡식을 빻아 체로 쳐서 전혀 거친 것이 없는 고운 가루의 순종이셨다. 죽음조차 고운 가루처럼 다 맡기셨다(마 26:39). 주님 자신이 먼저 소제의 고운 가루가 되셨다.

하나님 앞에 합당한 성도가 되려면 신앙도 믿음의 생활도 고운 가루가 되어야 한다. 정결한 가루, 거룩한 가루의 고운 빛이 드러나야 한다. 점도, 흠도 없는 고운 가루로 하나님 전에 올려 드려야 한다. 고운 가루에 기름과 유향은 기도 생활이다. 예수님은 하나님의 아들이라도 날마다 기도에 힘쓰셨다(막 1:35, 눅 5:16, 6:12, 9:18, 11:1, 22:39-40). 성령 충만하셨다. 예수님처럼 고운 가루의 믿음과 거룩한 삶을 유지하려면 항상 기도하고(살전 5:17), 성령 충만해야 한다. 그래야 영적 소제를 하나님께 드릴 수 있다. 날마다 소제의 화제로 내 몸을 불태워 드리려면 나를 절제하는 기도, 주님께 순종하는 기도를 하며 성령의 임재로 충만해야 한다. 그래야 고운가루가 될 수 있다.

둘째, 요리한 예물의 소제(4~10절)

본문에는 요리한 소제물을 지시하는 3가지 요리법이 있다. ①화덕에 구운 것(4절) ②철판에 부친 것(5절) ③냄비에 삶은 것(7절)이다. 이 3가지 요리 중에서 한 가지를 하나님께 드리는 것으로 곡식 가루와 기름으로 만든 것이다. 그런데 소제물을 드릴 때, 기름과 유향을 놋 제단에서 불태워 드리라고 하셨다(1-3절). 그러나 4~10절에는 3가지 요리한 예물 중에 유향은 없다. 그 당시 유향은 값비싼 향품이다. 그렇다면 가정이 넉넉하면 유향과 기름을 함께 제물로 드려야 하지만 가난하면 유향을 드리지 않아도 된다는 해석이다.

5대 제사에서 가난하면 소나 양 대신, 비둘기 두 마리를 드려도 된다고 하신 것처럼 소제 또한 가난하고 빈궁하면 유향을 드리지 않아도 된다. 실로 하나님의 은혜와 자비하심이다. 이렇듯 성경 어디에도 강요하는 헌금은 없다. 가정의 형편대로 자원하여 드리면 된다. 물론 성경은 하나님께 예배드리러 올 때, "빈손으로 내 앞에 나오지 말지니라"(출 23:15, 34:20, 신 16:16-17)고 하셨다. 얼마를 가져오라고 하지 않으셨다. 순전히 자기 마음에서 자원하여 드리면 된다(고후 9:5-15). 이것이 진심으로 하나님을 경외하고, 그리스도를 섬기고, 공경하는 마음이다.

셋째, 세 가지(누룩, 꿀, 소금) 유례의 소제(11~13절)

소제물에는 누룩이나 꿀은 넣지 말고 소금은 치라고 하셨다. 성경에서 누룩은 이단의 교리나(마 16:6, 11, 눅 12:1, 고전 5:7-8) 부정부패가 교회나 성도에게 퍼져가는 것을 가리킨다(고전 5:6, 갈 5:9).

꿀은 인위적인 수단이나 조작, 특히 사람을 홀리는 달콤한 말을 가리킨다. 누룩은 출애굽 당시 유월절 절기에도 사용을 금했다. 그래서 누룩 없는 떡을 한 주간 먹는다고 하여 무교절이라고 했다(23:6). 꿀은 유목민들에게 포도주와 함께 사치품으로 간주했고, 나실인에게도 금지된 식품이었다(민 6:3). 독주(毒酒)에 꿀이 들어가기 때문이다.

누룩과 꿀은 영적으로 인본주의와 자유주의로 비유될 수 있다. 소제가 땅의 소산인 곡물로 바쳐지지만, 하나님의 창조 섭리 안에서 감사하는 마음으로 드려야 한다. 사람의 인위적인 수단과 방법으로 하는 것은 하나님 앞에 합당하지 못하다. 그렇게 소제에는 누룩이나 꿀 넣는 것을 금지했으나 소금은 반드시 넣어야 할 것을 명하셨다.

소금은 인류의 음식물과 절대적 관계가 있다. 소금은 하나님의 식탁에 드려지는 소제에 필요한 조미료이다. 고대로부터 소금은 정결의 상징으로 불변하는 언약을 의미하기도 했다(민 18:19, 대하 13:5, 겔 43:24, 막 9:49-50, 눅 14:34, 골 4:6). 이렇게 모든 소제물에 소금을 치라고 강조하시는 것은 하나님과 소제 드리는 자간에 불변하는 친교의 언약이기 때문이다.

넷째, 첫 이삭으로 드리는 소제(14~16절)

그 해에 수확된 첫 이삭을 하나님께 소제로 드릴 경우, 곡식을 볶아 찧은 것으로 제물을 삼되(14절) 유향과 기름을 첨가하여 드려야 한다(15-16절). "첫 이삭을 드리라"는 말씀은 "첫 새끼, 첫 열매를 드리라"(출 13:1-2, 12, 13, 15, 22:29, 30, 34:19, 민 3:13, 8:16, 18, 18:15, 눅 2:23)는 말씀과 같다. 이는 ①하나님의 우주 만물 창조와 ②세상의 모든 것은 주님의 것이라는 것과 ③무엇보다 먼저 존경과 영광의 대상이 하나님과 구속의 주님이심을 가리킨다. 그래서 소제는 감사의 제사이다. 하나님께 드리는 감사는 반드시 소제의 봉헌물로 나타나야 한다.

신약시대 맥추감사절과 추수감사절기는 일명 소제의 제사이다. 그렇다면 금일 하나님께 드리는 모든 감사와 절기의 봉헌에 꿀과 누룩의 정신이 들어가서는 안 된다. 자랑의 헌금, 강요된 헌금, 억지나 체

면치레로 하는 헌금은 합당하지 못하다. 드리는 자의 봉헌금에 소금이 들어가야 하는 것은 ①주 예수 그리스도의 골고다 십자가의 보혈로 죄 사함 받고 하나님의 자녀가 되었다는 구속의 감사 ②하나님을 먼저 섬기고 경외하는 예수 사랑 제일주의 ③나의 모든 것이 주님의 것이요, 나는 다만 주님의 종이라는 섬김의 봉사 정신이다.

제3강 화목제에 관한 규례

본문 : 레위기 3장

화목제는 번제(1장), 소제(2장)에 이어 세 번째 제사다. '화목제(和睦祭 · 제바흐 세라밈 · זֶבַח שְׁלָמִים · a sacrifice of peace offering)' 는 범죄한 인간이 하나님께 드려 하나님의 진노와 심판에서 벗어나 하나님과 화목하게 되는 제사이다. '화목 제사' 의 '제바흐 세라밈' 에서 '제바흐(זֶבַח)' 는 짐승을 잡다, 짐승을 죽인다는 동사(זָבַח · 자바흐)에서 유래하였다. 그러므로 제바흐(זֶבַח)는 '죽음 즉 희생 제물' 이란 뜻이다. '세라밈(שְׁלָמִים)'은 사귀다, 친교 하다는 뜻의 '살람(שָׁלַם)' 에서 유래한 명사형 '쉐렘(שֶׁלֶם)' 의 복수형으로 감사의 희생, 화목제를 가리킨다. 그러므로 화목 제사란 짐승의 피로 하나님과 사람 간에 화평을 이루는 제사이다.

이때 사용되는 제물은 소(1-5절), 양(6-11절), 염소(12-17절)다. 짐승의 희생피로 하나님과 화평을 이루는 것은 사람과의 관계도 화목이 된다. 화목제의 다른 이름으로는 수은제, 평화제, 구원제, 감사제가 있다.

화목 제사의 독특한 의미도 있다.

①다른 모든 제사는 하나님과 인간관계 속에서 드리지만, 화목제는 사람과 사람 간의 관계를 위한 제사다(고후 5:18-19).

②다른 제사의 제물은 반드시 수컷이었으나 화목제 제물은 수컷

과 암컷의 구별이 없다(3:1).

③다른 제사의 제물은 모두 화제로 태워서 그 연기로 드려지기 때문에 제물이 없어지지만 화목제는 기름과 콩팥 부위만 태운 후, 나머지 고기는 제단에 드렸다가 다시 거두어 제사장에게 드리고 또한 가난한 이웃과 먹을 수 있다(신 12:12, 18, 19절). 그러나 반드시 지정한 장소에서만 먹어야 한다(신 12:6, 7, 11, 12, 15-19, 26절).

④다른 제사에는 누룩이 있으면 안 되지만 화목제는 누룩이 있는 유교병도 허락되었다(7:13, 암 4:5). 이는 사람들이 서로 주고받으며 나누어 먹을 수 있는 공동체 식사였기 때문이다.

⑤화목제로 하나님과 사람, 사람과 사람 간에 화목과 화평이 이루어진 것은 5대 제사 제물의 희생의 피가 있었기 때문이다. 그러나 어찌 이성도 없는 짐승의 피가 하나님과 사람을 화해시키고, 화목과 화평을 도모할 수 있겠는가?

이는 장차 언약의 땅 가나안에 오셔서 골고다 십자가의 피로 아담의 원죄와 인간의 죄를 다 씻겨 주시고, 속량하여 주실 구주 예수님의 보혈을 가리킨다. 주 예수님의 골고다 십자가의 피가 인간들이 받을 진노의 심판에서 하나님의 공의를 만족시키고, 사람간의 관계를 회복시켜 화목하게 하셨기 때문에 하나님과 사람간의 화해요, 사람과 사람간의 화목과 화평이다(롬 5:8-11, 고후 5:18-21, 엡 2:11-18, 골 1:20-23).

첫째, 소 제물의 화목제(1~5절)

5대 제사 중 첫 번째 번제물은 소, 양, 염소, 비둘기가 희생 제물로 선정되었지만, 화목제에서는 비둘기 두 마리가 삭제되었다. 이것은 화목 제물의 남은 고기로 공동체 식사를 할 경우 비둘기로는 충분한 분량이 되지 못하기 때문이다. 또 다른 제사는 수컷만 제물이 되었는데 화목 제물은 정결한 제물이라면 암컷도 제사 제물이 될 수 있었다(3:1, 6절). 이는 무엇을 말씀하는가? 번제나 속죄 제물에 수컷만 제물이 된 것은 오직 예수 그리스도의 속죄 피로만 죄 사함과 인류 구원이 된다는 단독적 구원의 구속사이다.

그러나 화목제는 구원된 자의 생활로 그 생활의 총체는 먼저 하나님과 화해(reconciliation)요, 다음은 사람과의 화목(harmony)이다. 우리가 그리스도 예수님의 십자가 피로 죄를 용서받고 하나님과 화해 되었다면 이제는 우리 자신이 예수님의 십자가 앞에서 스스로 화목 제물이 되어야 한다. 어느 곳에서도 화목의 사람이 되어야 한다(마 5:23-24, 막 9:50, 롬 5:10, 고후 5:18-20).

큰 제물인 소로 화목제물을 드리는 것은 궁핍한 자와 가난한 자를 돕고, 고아, 나그네, 과부를 보살피고, 구제하는 것으로 하나님께 드리는 어떤 제사보다 앞선다. 하나님은 먼저 그리스도인의 마음을 받으신다(암 5:21-24, 미 6:6-8, 7:1-6). 이스라엘에서 남녀노소, 빈부귀천을 막론하고 종들까지 함께 식탁에 앉아 공동체를 이루는 때가 추수감사절이다(신 16:13-17).

둘째, 양 제물의 화목제(6~11절)

양으로 드리는 화목제는 번제와 같고(3:1-5), 희생 제물도 소를 드리는 화목제와 같다(3:9-11). 화목 제사는 다음 3가지 목적이 있다. ①하나님과 인간 사이를 가로막는 죄의 장벽을 허물어 하나님과 인간 사이를 화해시킨다. ②사람과 사람 사이를 가로막는 불신과 미움의 담을 허물어 진정한 사랑과 우정을 회복시킨다. ③아담의 타락으로 하나님 창조의 영광을 이탈하여 하나님과 인간, 인간과 인간 사이의 순환적 질서가 다 깨졌는데 독생자 예수 그리스도의 골고다 십자가 피의 화목 제물로 하나님과 인간 사이가 다시 화해되었다(엡 1:10, 20-23, 골 1:16-20).

그래서 이 화목제를 가리켜 주 예수 그리스도 구속사의 피로 하나님께 감사하는 마음의 자원제이기 때문에 일명 '낙헌제' 라고 한다.

셋째, 염소 제물의 화목제(12~17절)

화목제가 번제와 제사 규례가 같고, 화제로 삼아야 할 부분이 또한 번제와 같기 때문에(1:4-9, 3:12-16) 염소를 드리는 화제도 다를 바가 없다(1:9, 3:16). 다만 화목제의 제물에서 흘리는 피는 먹지 말라고 하셨다(3:17). 짐승의 피 금지는 화목제뿐 아니라 모든 제사 제물에서다(7:26, 27). 이는 성경의 원리대로 피에 생명이 있고 피는 생명을 상징하기 때문이다.

◈ 화목 제물이 되신 예수 ◈

구약시대만 화목제가 있는 것은 아니었다. 신약시대 예배에도 반드시 화목하는 제사가 있어야 한다. 예수님께서 이를 명하셨다. "그러므로 예물을 제단에 드리려다가 거기서 네 형제에게 원망들을만한 일이 있는 것이 생각나거든 예물을 제단 앞에 두고 먼저 가서 형제와 화목하고 그 후에 와서 예물을 드리라"(마 5:23-24).

하나님께 드리는 화목 제사가 사람과 화평하게 되는 것은, 부모님에게 정성껏 음식을 차려 드리고, 사랑하는 가족들이 오순도순 친교하는 만찬과 같다. 먼저 화목 제물을 하나님께 올려 드리고, 남은 제물을 온 성도들이 둘러앉아 먹고 마시면 여기에 교회 천국이 이루어진다. 우리가 정성으로 준비한 제물을 하나님께 올려 드릴 때 이 제사가 화목제물이다. 그러나 실제로 어린 양 예수 그리스도의 속죄 보혈이 하나님 앞에서 화목제물이 되었기에 우리도 이를 본받아 하나님과 화목하고 형제간에 화목하는 예배를 드리게 되는 것이다.

1. 화목의 근원은 그리스도의 피다.

하나님과 원수 되었던 우리 인간이 하나님과 화해하여 하나님의 자녀가 된 것은 오로지 그리스도 보혈의 죄 사함 때문이다(엡 2:11-18). 피 흘림이 없이는 하나님으로부터 죄 용서가 없어(히 9:22) 영원한 죄의 사망으로 멸망 받아야 하는데 그리스도가 우리를 대신하여 속죄 피를 흘려 죽으심으로 우리는 화목제를 통하여 하나님께 당당히 나가게 된 것이다(엡 2:16-18).

왜 예수님의 피로만 하나님의 화목제가 되는가?

①하나님의 공의가 만족하시기 때문이다. 짐승의 속죄 피는 하나님의 공의를 만족시키지 못하기 때문에 만족시킬 때까지 계속되어야 한다(히 10:10-14). 그러나 예수님의 속죄 피는 단 한 번으로 하나님과 화해가 완전히 성립된 것이다(히 7:26-28, 9:25-28).

②온전한 제물이 되셨기 때문이다. 세상에는 그 어떤 것도 온전하거나 완전한 것은 없다. 짐승의 피가 온전할 수 없고, 짐승으로 제물을 삼아 드리는 사람도 온전한 피조물이 아니다. 흠이 있는 제물이다. 이 세상에 무죄하여 온전하신 분은 오직 예수 그리스도 한 분뿐이어서(요일 3:5) 그 무죄하신 몸으로 하나님께 드린 그리스도의 희생 제사만이 완전한 제물이다(히 10:14).

③사단을 멸하시기 때문이다. 이방인의 제사는 귀신을 섬기는 것으로(고전 10:20) 우상숭배다. 하나님의 아들 예수님이 이 세상에 오신 것은 그 우상을 철폐하고, 마귀를 멸하기 위함이다(요 12:31, 요일 3:8). 예수님께서 골고다 십자가에 자기 몸을 화목제물로 드려 사탄의 원죄를 청산하셨다. 또한 하나님과 화해하심으로 평화의 생

명 복음이 되셨다. 그러므로 구약의 화목 제사는 예수님 십자가 희생의 모형이 된다.

2. 화목의 동기는 하나님의 사랑이다.

우리가 하나님께 범죄 했음에도 하나님은 우리를 이처럼 사랑하여 독생자를 보내 주셨다(요 3:16). 하나님의 아들이 언약의 땅 가나안에 성탄하실 때까지는 십자가 구속의 예표로 이스라엘에 화목 제사를 드리라고 하셨다. 이 화목 제사는 오시는 메시아, 하나님의 어린양, 그리스도의 십자가의 피가 화목 제물이 되듯이 성부 하나님의 사랑은 그리스도의 속죄 제사를 그대로 흠향하여 구속의 화목제가 되도록 하신 것이다.

3. 화목의 기간은 영원무궁하다.

제사장은 날마다 성소에 들어가 화목제를 드리고, 대제사장은 일년에 한 번씩 대 속죄일에 지성소에 나가 속죄제를 드린다고 해도 그 제사가 완전하지 못하기 때문에 같은 제사를 되풀이해야만 했다 (23:1-8, 민 29:1-7). 그러나 하나님의 큰 대제사장(히 4:14) 예수님은 골고다 십자가에서 단 한 번 자기 몸을 속죄제와 화목 제물로 드려 하나님과 인간, 인간과 인간, 하나님과 피조물, 사람과 피조물의 관계를 영원히 지상과 천상에서 화목 시켜 놓으셨다. 이 관계가 바로 그리스도 십자가의 피로 말미암는 우주 만물의 영원무궁한 통일이다 (엡 1:7-10, 21-23절, 골 1:16-23). 이 세상 무엇으로도 하나님과 인간과 피조물 사이를 화목하게 할 수 없으나 영원하신 예수님 골고다 십자가의 피만이 모든 우주적 관계를 하나로 통일시킨다. 그러나 그 실현은 이 세상이 아니라 천국에서 된다.

4. 화목의 범위는 무제한이다.

번제와 속죄 제물은 반드시 수컷이어야 한다. 그리고 누룩은 전혀 제물에 첨가할 수 없다. 그러나 화목 제물은 수컷과 암컷의 구분이 없다. 선별된 짐승(11장, 신 14장)이라면 하나님 앞에 화목 제물이 될 수 있다. 누룩(유교병)은 그 어떤 제물에도 들어갈 수 없다. 그러나 유교병은 화목제의 감사 제물과 함께 그 예물로 드릴 수 있었다(7:13, 암 4:5). 이는 무엇을 말하는가? 그리스도가 언약의 땅 가나안에 오신 후에는 초 율법적 세상이 열리게 된다. 그때는 유대인, 헬라인, 로마인, 이방인 모두에게 그리스도 나라의 구원이 이루어진다. 믿음 안에서 만민의 구원이다(롬 3:29-31, 갈 3:26-29). 또한 예수의 화목 제물로 하나님과 화해된 자마다 남녀노소, 빈부귀천을 막론하고 그리스도와 함께 영적 잔치에 참여할 수 있게 되며, 뿐만 아니라 하나님 나라 천국 백성의 일원이 된다. 이는 그리스도 안의 구원의 개방(행 2:21, 롬 10:13)을 가리킨다.

제 4강 속죄제에 관한 규례

본문 : 레위기 4장

본문은 네 번째 제사인 '속죄제(חַטָּאת·하타트·a sin offering)'다. 이스라엘 백성 중에서 누구든지 하나님께 죄를 범한 자는 의무적으로 속죄하는 제사를 드려야 하는데 속죄제와 속건제다. 그렇게 볼 때 번제와 소제, 화목제는 자원하는 제사이고, 속죄제와 속건제 (5:15, 6:7)는 의무적인 제사이다. 5대 제사 중 가장 중요한 제사가 속죄제인 것은 아무리 아브라함의 선민이라도 하나님께 죄를 범하고 죄를 씻지 못하면 하나님의 백성이 아니기 때문이다. 인간이 죄를 회개하고 씻을 수 있는 것은 골고다 십자가에 못 박혀 돌아가신 예수 그리스도의 속죄 피 밖에 없고, 예수님이 오시기 전까지는 짐승의 피가 메시아의 속죄 피를 대신했다. 짐승의 피는 골고다 십자가 보혈의 상징이다.

본 장의 내용은 ①제사장의 속죄제(1~12절) ②회중의 속죄제 (13~21절) ③족장의 속죄제(22~26절) ④평민의 속죄제(27~35절) 이다. 4등급으로 나눠진 것은 제물의 종류나 피의 처리 방법이 각각 다르기 때문이다. 이는 인간의 죄짓는 방법, 죄악의 분야, 죄의 책임도 다르기 때문이다. 그러나 모든 인간의 죄를 씻고 사해 주시는 것은 예수님의 골고다 십자가 피 밖에 없기 때문에 짐승의 피는 그리스도 십자가의 모형이다.

첫째, 제사장의 속죄제(1~12절)

제사장의 속죄제가 먼저 나타난다. 12절까지 2회 나오는(3, 8절) '제사장(הַכֹּהֵן הַמָּשִׁיחַ·학코헨 함마쉬아흐)' 은 제사장이라기보다 '대제사장' (the high priest)이다(21:10, 민 35:25). 그러나 레위기 에는 일반 제사장의 속죄제가 나오지 않기 때문에 여기서는 대제사장과 제사장의 속죄제 규례가 함께 나온다. 대제사장과 제사장은 모든 이스라엘을 대표하는 만큼 그들의 범죄는 백성에게 해악이 된다. 그래서 자신이 먼저 하나님 앞에 성결해야 하므로 이렇게 자기 죄부터 사죄 되어야 한다(히 5:2-4). 그러나 예수님은 무죄하시기 때문에 죄 사함의 제사도 없으셨다(히 9:26-27, 10:10-14).

제사장의 제사 규례는 ①제물은 수송아지로 번제물과 같고(1:3) ②제물의 머리에 안수하여 자기 죄를 그 짐승에게 전가한다(1:4). 이는 장차 오실 예수님에게 모든 죄를 전가함으로 골고다 십자가에서 그리스도가 죽는 것과 같다(히 13:10-12). ③그렇게 잡아 죽인 짐승의 피를 가지고 회막에 들어가서 일곱 번 뿌리고, 그 피를 향단뿔에 바르고, 나머지 피는 번제단에 쏟는다. ④속죄 제물의 고기는 번제단에서 불사르고 나머지는 진 밖에서 태워버렸다(7-12절). 이는 그리스도가 대제사장과 그 아래 폭도들에게 당할 고난의 예표와 십자가에서 죽으실 것을 예언한다. 예수님의 모든 고난과 매 맞으심은 예루살렘 성전 안에서 당하셨다(마 27:27-44, 요 19:1-5).

레위기에 나타난 속죄제 짐승의 고기가 회막 진 밖에서 태워진 것처럼(11-12절) 예수님도 죽으실 때, 예루살렘 성전 안에서 돌아가신 것이 아니라 밖에서 돌아가셨다(요 19:17-20, 히 13:10-15). 이는 2가지 예표로, 먼저 예수님은 자기 백성들에게 버림을 당하셨다(마 21:42). 또한 예루살렘 밖에서 버림당한 예수님을 이방인은 믿고 구원에 이르렀다(롬 11:11-21).

둘째, 회중의 속죄제(13~21절)

이스라엘 회중이 죄를 범한 경우, 속죄제의 제물은 흠 없는 수송아지로(13-14절), 제사장의 속죄 경우와 같고(3절), 제사 방법과 절차도 같다(4-12절, 15-21절). 다만 제사장의 속죄 제물은 제사장이 안수했으나(4절) 회중의 속죄 제물은 장로가 하는 것만 다르다(15절).

13절의 '온 회중'과 27절의 '평민'은 무엇이 다른가? 평민들이 모이면 온 회중이 되고, 회중이 흩어지면 각자 평민이 된다. 그렇다면 무엇 때문에 온 회중의 제사와 평민의 제사를 구별하여 놓았는가?

13절의 회중(עֵדָה·에다)과 14절의 회중 즉 '카할(קָהָל)'을 같은 의미로 번역했다.

이 둘을 구별한다면 에다가 어떤 사법적 행정을 집행하는 대표 용어라면(민 15:33, 27:2, 35:12, 24절), 카할은 특히 이스라엘에서 종교적 의미로 모인 집회를 가리킨다(신 5:22, 9:10, 18:16).

그렇기 때문에 교회가 죄를 범했다면 교회의 감독인 장로들이 나와 속죄 제물 송아지 머리에 안수하는 것이다(15절). 만약 한글 성경의 번역처럼 온 회중이 범죄 했는데 장로가 나와서 수송아지 머리에 안수했다면 이치에 맞지 않는다. 장로는 일반 회중의 대표가 아니라 교회의 감독이기 때문이다(딤전 3:1-5, 5:17-20, 딛 1:5-9). 교회 감독인 장로가 수송아지 제물의 머리에 안수한다는 것은 범죄한 교회가 회개하는 사죄의 표식으로 짐승에게 모든 죄를 전가하는 것이다. 이는 실제로 골고다 십자가에서 죽으시고 모든 교회의 죄를 사해 주시는 예수 그리스도의 속죄 죽음을 가리킨다. 이는 구약시대뿐 아니라 신약의 장로들도 교회 감독이므로 일반 성도보다 더 성결하고, 거룩하고, 교회와 성도의 영적 성결에 힘써야 한다.

셋째, 족장의 속죄제(22~26절)

구약성경에 나오는 족장은 히브리어로 7종류가 있다. 본문에 나오는 '나씨(נָשִׂיא · ruler)'는 '들어 올린다'는 뜻을 가진 동사 '나싸(נָשָׂא)'에서 파생된 명사로 '백성 위에 들려서 올려진 자'이다. 그러기에 메시아 계시 언약을 받은 아브라함, 이삭, 야곱과 같은 메시아 계보 족장의 선조가 아니라 ①한 지파의 장(출 16:22, 민 1:16) ②회중의 장(출 22:28) ③방백(민 7:2) ④때로는 나라의 왕을 가리키기도 한다(왕상 11:34). 이 족장은 어느 단체의 지도자(ruler), 인도자(leader), 어른(elder)이다.

만약 이들이 부지중에 범한 허물이 있거나, 누가 잘못을 지적하여 죄지은 것을 깨닫고 속죄제 예물을 드릴 때, 제사장이나 교회 장로들처럼 수송아지가 아니라(13-15절) 그보다 한 등급 낮은 숫염소를 드리라고 한다(23-24절). 대제사장이나 장로는 전체에 영향을 끼치지만, 족장들은 비교적 자기가 속한 영내에만 지장을 주기 때문이다.

그러나 모든 제사의 절차는 제사장이나 장로들과 같다. 다만 전자의 경우 향단 뿔에 피를 바르는데(7절), 여기서는 번제단 뿔에 바른다(18절).

어느 지도자도 자기 그릇됨의 허물이 있고, 지적을 당하기 마련이다. 그러니 항상 자기 마음과 행동을 살펴야 한다.

누가 지적하면 분노하지 말고, 오히려 겸손하게 듣고, 다시 되풀이하지 않도록 매사에 조심하고, 고치고, 노력해야 한다. 변명하는 자는 같은 실수를 저지르게 된다. 예수님도 함부로 남의 선생이 되지 말라고 하셨다(마 23:8-12).

넷째, 평민의 속죄제(27~35절)

여기서 '평민(הָאָרֶץ מֵעַם · 메암 하아레츠 · the common people)' 은 '누구나, 누구든지' (2:1, 4:2), '그 땅 거민(לְעַם־הָאָרֶץ · 레암 하아레츠, 창 23:7)', '그 땅에 거하는 백성들'(학 2:4, 슥 7:5)이다. 이 사람들은 지배자의 통치를 받으면서 살아가는 민생(民生), 민초(民草)들이다. 이들은 아무런 사회적 직급이 없다. 예수님이 가장 불쌍히 여기는 긍휼지심의 군상(群像)일뿐 이들에게 무슨 큰 허물과 죄가 있으랴.

그러나 이들도 인간이기 때문에 원죄가 있고, 생활상의 허물도 있다. 이 같은 민중에게는 그저 의식주 문제에 국한된 기초 생활의 실수나 허물 정도이다. 하나님께서는 저급한 군중에게 고가의 예물을 원하지 않으신다. 드릴 수 없기 때문이다. 그래서 수소나 숫염소 대신

암염소(28절)나 어린양(32절)을 드리라고 하셨다. 그것도 안 되면 산비둘기나 집비둘기 두 마리를(5:7) 드리라고 하셨다. 그것조차 힘들면 고운가루 십 분의 일 에바를 대신해서 드리라고 하셨다(5:11-12).

그러므로 여기 속죄제사는 4장에서 끝나는 것이 아니라 5:1~13까지 계속된다. 하나님께서 이렇게 가장 저급한 예물을 드리라고 하시는 것은 ①아무리 속죄제사가 의무적이지만 가난한 형편을 아셨고 ②죄의 경중으로 볼 때, 민초들의 죄란 대개 먹고 사는 의식주 문제였기 때문이다.

한편, 이때 드리는 속죄제 의식은 안수 행위를 제외하고는(29-30절) 제사장이나 온 회중(교회)의 경우와는 달랐다. 그러나 족장과는 같다. 즉, 속죄 짐승의 피를 처리하는 데 있어서 평민(일반대중)의 경우에는 희생 제물의 피를 성소(the holy place) 안으로 가지고 들어가는 것이 없이 다만 성소 밖 번제단 뿔에 바른 후, 나머지 피는 그 번제단 밑에 쏟아붓기만 하면 되었다(30, 34절).

이때는 희생제물 중 기름과 콩팥 부분을 제사장이나 속죄 때와 같이 번제단 위에서 불살랐으나(31, 35절), 그 나머지 고기는 진 밖에서 불태우지 않고(11-12, 21절) '성막 뜰 안에서' 제사장들이 먹을 수 있었다(6:26-30). 이 모든 제사장 범죄, 회중의 범죄, 족장의 범죄, 평민의 경우까지 속죄제 제물은 어느 한 가지도 그리스도의 고난에 예표 되지 않은 것이 없고, 골고다 십자가 보혈의 구속사와 연관되지 않은 것이 없다. 5대 제사 중 속죄제가 가장 그리스도의 구속사와 관계가 깊다.

◈ 진 바깥에 버려진 제물 ◈

속죄제로 드리는 모든 제물은 다른 제사들과 다르다. 번제로 드리는 제물은 번제단에서 모두 불태웠고(1:7-9), 짐승의 가죽은 제사장이 가져갔다(7:8). 화목 제물은 제물의 일부분만 불살라 드리고 나머지 고기는 제사장의 것이 되어 제사에 참여한 성도들과 함께 화목 만찬이 되었다(7:31-34). 그러나 속죄제는 완전히 달랐다. 짐승은 성막 안에서 죽였지만(번제단) 고기 전체는 성문 밖, 진 바깥에서 모두 불태워 없애버렸다. 이곳은 '재 버리는 곳'이었다. 이곳이 '청결한 곳'으로 불린 것은 ①번제단에서 재를 버렸고 ②속죄 제물도 모두 불태워 버렸기 때문이다(Merrick). 그런데 사복음서는 물론 히브리서는 '진 바깥, 성문 밖'을 속죄하신 예수님의 구속사와 연관 지어 크게 부각시키고 있다.

1. 유대인의 메시아, 인류의 구세주이다.

속죄 제물의 어린양은 놋 제단에서 불태워졌고 그 연기는 하나님께서 받으시는 거룩한 향기가 되었다. 고기는 진영 바깥에 버려져 재와 함께 완전히 불살라 없애 버렸다(4:12, 21, 6:11, 16:27). 이 속죄 제물은 골고다 십자가에서 구속사의 제물로 드려질 그리스도의 예표이다.

①예수님은 예루살렘 성안에서 고난과 박해를 받고 매 맞음으로 유대인의 메시아가 되셨다(사 53:4-6). 신명기 21:23의 저주대로 된 것이다.

②성문 안에서 고난 당하신 예수님은 로마 군병에게 끌려 예루살렘 성 밖 골고다에서 십자가에 못 박혀 죽으셨다(마 27:32-33, 막 15:20, 눅 20:15, 요 19:17-20, 히 13:11-13). 이는 예루살렘 성안에서 유대인에게 고난받아 찢기고, 상하심은 예수님이 유대인의 메시아 되심의 증거가 되었다. 자기 백성에게 버림당하고 진 밖에서 죽으신 그리스도가 온 인류의 구세주가 되신 것이다. 이 구속의 진리가 레위기에서 말씀하는 '진 밖에 버려진' 제물의 영적 해석이다(4:12, 21, 6:11, 8:17, 9:11, 10:4, 16:27, 출 29:14, 33:7).

다윗 왕도 "건축자가 버린 돌이 집 모퉁이의 머릿돌이 되었다"(시 118:22)고 했다. 사도 바울도 유대인이 예수님을 버렸기 때문에 그 버린 그리스도를 이방인이 모시고 온 인류가 믿어 구원에 이르렀다(롬 11:8-12)고 하였다. 예수님 자신도 유대인들이 메시아를 버리므로 이방인들이 믿어 구원받게 되었다고 하신 것이다(마 21:33-42, 막 12:10-11, 눅 20:9-17). 그러므로 진 밖에 버려진 제물은 유대인의 메시아, 인류의 구세주이시다.

2. 완전한 구속이다.

번제에서 짐승의 가죽은 제사장에게 주고, 화목 제사는 만찬을 위해 제물을 남겨두기도 했지만, 속죄 제사는 먼저 성막 안에서 놋 제단을 통해 태우는 재가 향기가 되어 하나님께 상달 되고, 나머지 제물은 진 밖에서 완전히 소각되어 재와 함께 버려졌다. 그래서 속죄제사는 완전히 불태워지는 화제이기도 하다. 이는 예수 그리스도의 골고다 십자가의 완전한 구속사를 가리킨다.

이 세상 어떤 것도 인간의 완전한 죄 사함을 할 수 없다. 도덕, 윤리, 자기 선함, 의의 노력과 힘씀은 어느 정도 지성적 함양은 될지 몰라도 온전하고 완전한 속죄의 삶은 되지 못한다. 왜냐하면 인간은 원죄로 인해 사망에 이르렀기 때문이다. 또한 이 세상 어떤 종교도 완전한 속죄에 이르지 못한다. 오히려 이방 종교는 하나님을 대적하는 우상숭배이기 때문에 더 큰 죄를 가져온다(사 44:6, 9-20절). 이방인의 신사상(神思想)은 인간의 죄를 더 함양시켜 멸망에 이르게 할 뿐이다(롬 1:18-32).

소위 유일신론의 하나님 종교인 유대교도 온전한 속죄, 완전한 죄 사함을 주지 못한다. 유대인의 제사가 완전한 속죄 제사라면 왜 날마다 성소에서 죄 없는 짐승을 죽여야 하며, 해마다 지성소에 대제사장이 들어가 속죄 제사를 드려야 하는가(히 5:1-3, 7:26-27). 제사장도 죄인이기 때문이다. 동시에 짐승의 피가 인간의 죄를 감당하여 완전히 사죄시킬 수 없기 때문이다(히 10:10-14, 13:10-12). 속죄 제사에서 진 밖에 버려진 제물의 완전 소각은 유대인에게 버려진 예수님만이 온 인류를 죄 사함 시키는 유일무이한 구세주이심을 나타낸다.

3. 영적 생명의 변화이다.

성 삼위 하나님께서 계시지 않으면 정결한 곳은 어디에도 없다. 그런데 모세는 제물 전체를 불태워 재가 되게 한 곳을 가리켜 '정결한 곳(מָקוֹם טָהוֹר · 마콤 타호르 · a clean place)'이라고 했다(4:12, 6:11, 16:27). 짐승의 사체를 불태워 재와 함께 버리는 곳으로 냄새가 코를 찌르고 고약한 냄새가 날텐데 무엇이 청결하고 정결하다는 것인지. 바로 시온성 밖에서 하나님의 거룩하고, 가장 정결하신 구세주 예수님이 못 박혀 죽으심으로 온 인류의 더럽고 추한 죄를 다 씻어 깨끗하게 할 곳이기 때문이다.

속죄제로 드리는 짐승은 죄인의 죄를 대신 전가 받고(4:4, 15, 29, 33절) 진 밖에서 죽지만 그 죽음으로 죄 용서받은 인간은 사죄되어 정결하게 된다. 그리스도는 성문 밖, 골고다 십자가에서 인간의 모든 죄를 지고 저주받아 죽으셨다(신 21:23, 갈 3:13). 그리스도 저주의 죽음으로 사죄받은 사람은 이 세상에서 가장 성결하고, 거룩하며, 신령한 자가 되어 하나님 왕국의 영적 생명이 된다. 그리스도의 피가 내 죄를 사해 주시고, 그 피가 나를 영적 생명에 이르게 하여 하나님 자녀로 완전히 변화시켜 주신다.

제5강 속죄제와 속건제의 규례

본문 : 레위기 5장

본 장은 속죄제와 속건제에 관한 규례다. 레위기 4:1~5:13은 속죄제, 5:14~6:7까지는 속건제에 관한 규례다. 대체로 속죄제가 하나님께 지은 죄를 용서받는 제사라면, 속건제는 사람에게 지은 죄나 하나님의 성물에 대한 죄를 사죄받기 위한 제사라고 할 수 있다. 속죄제와 속건제가 다른 것은 전자는 자기 죄를 짐승에게 전가하여 놋 제단과 진 밖에서 불태우는 것이라면, 후자는 죄를 범한 원금에다 오 분의 일의 벌과금을 더하여 내야 한다. 그러나 두 제사가 다 같이 하나님께 드려지는 만큼 구별 없이 동시에 드려졌다.

하나님께서는 구약시대 5대 제사를 세분화시켜서 사람이 하나님이나 사람, 혹은 성물에 대한 어떤 죄를 범했어도 회개만 하면 사죄 받을 수 있는 여러 가지 방법을 마련해 놓으시고, 그 죄에서 벗어날 수 있게 하셨다. 이는 오직 인간의 죄를 홀로 지시고 골고다 십자가에서 못 박혀 돌아가실 주 예수 그리스도의 구속사를 예표하며, 성문 밖에서 실현하실 보혈의 큰 능력이다.

첫째, 속죄제를 드릴 여러 경우(1~6절)

4장의 속죄제에는 여러 종류의 죄를 짓는 사람들이 나타나며, 5:1-6은 그 사람들이 어떤 죄를 짓는가 하는 죄의 종류에 관한 경우다. 이는 고범죄(故犯罪 · willful sin)가 아닌 부지중 또는 실수로 된 일이다. ①사건의 사실을 증인이 바르게 증언하지 않아서 타인에게 해를 끼칠 경우(1절) ②부정한 짐승의 사체나 사람에게 접촉되었을 경우(2, 3절) ③함부로 맹세한 경우(4절)다. 이 경우 범법자는 자기 죄를 스스로 깨닫고 하나님께 죄를 고백하고 거기에 합당한 속죄제를 드려야 한다(5, 6절). 제물은 흠 없는 암염소나 어린 양 암컷을 끌어다가 속제 제사의 규례를 따라 제사를 드려야 한다(4:27-35).

증언에 대해서는 신명기 17:2-7, 19:14-21, 마태복음 18:16, 고린도후서 13:1, 디모데전서 5:19, 6:12, 히브리서 10:28을 참고하라. 부정한 짐승의 사체 접촉에 대해서는 레위기 11장, 신명기 14장, 민수기 19:11-22을 참고하라. 헛된 맹세에 대해서는 예수님이 말씀하신 교훈을 지키면 된다(마 5:33-37, 23:16-22).

둘째, 궁핍한 자의 속죄제(7~13절)

이미 번제에 있어서 빈궁한 자를 위해 비둘기 두 마리를 제물로 드릴 것을 명하신 하나님은(1:14-17), 속죄제도 비둘기 제물이 허락되었다. 고대부터 가난한 자의 범죄는 대부분 먹고살아야 하는 의식주 문제였다. 그러나 아무리 생활고의 범죄라도 남의 것을 훔쳤으면 죄과를 씻어야 한다. 가난한 자라고 해서 죄가 없을 수 없고, 가난하다고 하나님께 갈 수 없지 않기 때문이다. 오히려 하나님은 가난한 자를 먼저 초대하신다(사 55:1-3, 호 2:21-23, 미 6:6-8). 예수님도 가난한 과부를 귀하게 여기셨다(막 12:41-44, 눅 21:1-4). 그들을 항상 불쌍히 여기셨다(마 9:35-38, 14:13-21, 15:32-38).

구약시대 하나님의 사람들은 항상 가난한 자들을 먼저 생각하여 구제하기를 힘썼다(왕하 4:1-7, 38-44절). 힘없고 가난하여 억울한 일을 당하면 반드시 보상해 주었다(왕상 21장). 가난한 자도 하나님의 백성이므로 가난한 성도의 제사를 받으셨다.

몹시 가난하여 산비둘기나 집비둘기조차 구하기 어려운 처지에 있는 자들은 고운 가루 십 분의 일 에바를 속죄 제물로 드리라고 하셨다(11-13절). 문제는 극빈자의 고운 가루에는 죄 사함의 속죄 피가 없는데(17:11) 어찌 피 없는 제사를 하나님이 받으시겠는가? ①하나님은 자기 백성에게 없는 형편에서 받으시고 요구하지 않으신다. ②고운 가루 자체가 짐승을 대신한다는 의미로 드렸다. ③극빈자가 곡식을 제물로 드릴 때, 그것을 허락한 제사장이 짐승의 피를 준비했을 것이다.

셋째, 손해 배상의 속건제(14~16절)

구약 5대 제사 중 마지막 제사가 '속건제(הָאָשָׁם·하아쇼·the trespass offering)'다. 직역하면 '그의 속건제를'이다. 속건제를 말할 때 쓰이는 단어는 '아쇼(אָשָׁם)'이다. 아쇼의 일반적인 의미는 '죄'이지만 제사의 예물과 관련하여 쓸 때는 '속건제(a trespass offering)'다. 즉 그가 범한 과실을 배상하는 예물이라는 뜻이다. 역본(KJV)은 '그의 죄를 위하여(for his trespass)'라고 직역했고, RSV 성경은 '그의 죄책의 제물로 (as his guilt offering, 레 5:7)'

라고 의역했다.

배상의 차원에서 속건제는 다음과 같은 3가지 경우에 드려졌다. ①성물에 대해 범죄 했을 경우(14-16절) ②하나님의 명령을 어겼을 경우(17-19절) ③이웃에 대해 범죄 했을 경우(6:1-7)이다. ①~② 은 5장을 참고하라. 하나님의 성막 성물에 대한 범죄의 경우 배상은 두 가지다. 먼저 그 성물의 가치에 따라 흠 없는 숫양을 속건제로 바쳐야 한다(14-15절). 다음은 성물 배상에 대한 값에다 오 분의 일을 더하여 제사장에게 속죄금을 바쳐야 한다(16절). 구약시대 다른 제사의 속죄는 짐승을 잡아 드리면 된다. 그러나 속건제만큼은 제물을 드림과 동시에 손해가 난 사람에게 배상해야 한다. 하나님의 아들 예수 그리스도도 하나님께 속전을 바쳤으니 골고다 십자가에서 자기를 대속물로 드린 것이다.

하나님께서 창조하신 우주 만물을 맡은 아담이 하나님을 반역하고 타락하였을 때, 하나님께서는 이 세상 어떤 것으로도 배상을 받지 않으시고 오직 독생자 예수의 피 값을 원하셨다. 다른 배상은 왜 안 되는가? ①첫 사람 아담의 배신은 그 무엇으로도 하나님의 공의(진노)를 대신할 만한 것이 없기 때문이다(Anselm). ②원죄로 시작되는(창 2:17) 인간 영육의 멸망은 다른 그 어떤 것으로도 회복될 수 없고, 오직 주 예수 그리스도 생명의 피만이 대신 할 수 있기 때문이다. ③하나님이 첫 사람 아담에게 당하신 손해와 손실은 이 세상의 모든 것을 다 드려도 결코 배상하지 못한다. 원죄의 죗값이 아담을 비롯한 자자손손(子子孫孫), 온 인류의 영원한 사망으로 오기 때문이다.

오직 하나님의 독생자 예수 그리스도만이 둘째 아담으로 오셔서 하나님께 인류의 생명을 대신하여 자기 목숨을 골고다 십자가에서 피 뿌림으로 배상하신 것이다. 그리스도는 아담 원죄의 배상이며, 하나님 진노의 만족한 속전이다.

넷째, 계명을 어긴 자의 속건제(17~19절)

하나님의 계명은 출애굽기 20장, 신명기 5장의 십계명 외에도 수없이 많다. 천문학적 계명 중에 하나만 어겨도 모든 계명을 다 어기고 거스르는 것이 된다(5:17, 마 5:19, 갈 3:10, 약 2:11). 그렇다면 사소한 실수나 잘못이 있을 때마다 속건제를 드리고, 그리스도의 골고다 십자가의 피와 관련시켜야 하나? 그렇다면 얼마나 좋으랴. 그러나 실상은 우리가 잊고 지나치는 과실이 더 많다. 인간은 어쩔 수 없는 죄악 덩어리다.

사도 바울도 탄식했다. "오호라 나는 곤고한 사람이로다"(롬 7:24). 우리는 사소한 실수나 잘못을 범하지 않기 위해 날마다 긴장의 끈을 놓아서는 안 된다. 매사에 조심하고 삼가야 한다(엡 4:17-24). 실수나 잘못 정도가 아니라 사람에게 해서는 안 될 근본적인 죄가 있다. 바로 사망에 이르게 하는 죄다. 아담에게 창세기 2:17은 절대적인 계명으로 사망에 이르는 금기(禁忌) 명령이다.

이처럼 신약시대에도 용서받지 못하는 죄가 있다. ①성령을 모독하는 죄(마 12:31-32, 막 3:28-29) ②짐짓 범한 죄는 죄를 범할 때 기쁨과 만족으로 짓는 죄다. 사죄가 있을 수 없다(민 15:30, 히 10:26). ③고의로 짓는 죄(시 19:13)는 알면서 일부러 짓는 죄니 사죄가 없다. ④예수님을 부인하는 죄(마 10:32-33). 이 4가지 죄가 용서받지 못하는 것은 회개가 나오지 않기 때문이다.

혹 성령의 감동·감화로 회개하고 죄 사함을 받으려면 속건제를 드려야 하는데 이때 제사의 절차와 제물은 속건제 제사와 같다(5:14-19). 레위기 4:1~5:13은 속건제 제사이다. 사람이 하나님이나 인간에게 죄를 지어 죄를 용서받고 진정한 화해를 도모하는 제사라는 점에서 속죄제와 속건제는 같다. 다만 ①속죄제가 '그 범한 죄를 깨달으며'(4:14) 제사드리는 것에 비해 속건제는 '부지중에 범하여도'(5:17) 죄가 된다. ②속죄제는 1-4계명에 집중하였으나 속건제는 5-10계명에도 관여한다. ③속죄제 제단의 피는 놋 제단의 뿔에 바르고 나머지는 제단 밑에 쏟아부었으나(4:30, 34, 5:9), 속건제는 단순히 희생제물의 피를 놋 번제단 사면에 뿌렸다. ④속죄제는 제사 제물만 하나님께 드렸으나 속건제는 오 분의 일의 범과금이 징수되었다. ⑤속죄제는 온 회중(교회)의 공동 속죄 제사라면(4:13) 속건제는 개인적인 제사에 더 치중(置重)했다.

제 6강 속건제와 각 예물의 보충 규례

본문 : 레위기 6장～7장

레위기 6장의 내용은 두 가지다. ①레위기 5장에 이어 계속 속건제를 다루고 있다(5:14~6:7). ②레위기 6:8~30, 7:1~38까지 제사장이 주관하는 예물 드림에 대한 보충 규례다. 이렇게 레위기 1장부터 시작되는 각종 제사와 제물이 6:7까지는 제사 제물의 종류와 그 목적을 다루고, 6:8~7:38까지는 제사장이 제사를 집례하는 방법을 기록한다.

이처럼 각 제사와 예물에 대해 하나님께서 그 규례를 구체적으로 계시하시는 것은 ①인위적 인본주의가 아닌 하나님께서 받으시는 신본주의 제사가 되기 위해서다. ②거룩하고 정결한 제사가 되기 위해서다. ③제사 드리는 자의 목적이 속죄되기 위해서다. ④계시 언약의 땅 가나안에 오시는 메시아 예수 그리스도의 골고다 십자가의 구속사 예표가 되기 위해서다. 위의 4가지 목적에 합당한 5대 제사로 하나님께 만족한 제사가 드려지면 인간의 원죄와 자범죄는 용서되고, 하나님과 화해되어 오시는 메시아의 구속사 안에서 하나님과 영원한 친교가 이루어진다.

첫째, 속건제로 용서받는 죄목들(6:1~7)

화목 제사는 인간이 하나님과 원수된 죄를(엡 2:14~18) 짐승에게 전가시켜 피를 흘리게 함으로 하나님과 화해가 이루어져 그 화평의 복음으로 사람과의 관계도 평화를 이루게 되는 제사다. 속건제는 제5강 셋째 단락, 손해 배상의 속건제(5:14~16)에서 해석한 것처럼 (1)하나님의 성물에 대한 죄(5:15~16) (2)하나님의 명령을 어긴 죄(5:17~19) (3)이웃에게 죄를 지은 경우(6:1~7)이다. 이 3가지 죄 가운데 (1)~(2)는 5강에서 해석을 했고, 본 장에서 다루는 (3)의 경우, 다시 5가지 죄목으로 분류된다. ①이웃의 물품을 맡아 놓고 그 사실을 부인한 죄 ②이웃의 담보물을 횡령한 죄 ③이웃의 물건을 도둑질 한 죄 ④이웃의 것을 빼앗은 죄 ⑤이웃의 물건을 줍고도 부인한 죄다.

이처럼 이웃에게 범죄하면 그 죄가 속하여지기까지 단순히 배상할 뿐만 아니라(6:4~5) 하나님께도 반드시 속건제를 드려야 하는데(6:6~7) 이 죄는 사람에게 지었을 뿐 아니라 그를 보내신 하나님께도 지은 것이다(삼하 12:9~10).

진정으로 하나님을 경외하며 사랑하는 신앙인이라면 사람도 사랑해야 한다. 예수님도 십계명을 두 가지로 교훈하셨으니 먼저는 하나님을 사랑하는 것이요(1~4계명), 다음은 하나님을 사랑하는 그 경외심으로 사람도 사랑해야 한다(마 22:37~40)고 하셨다. 사도 요한도 "보는 바 그 형제를 사랑하지 아니하는 자는 보지 못하는 바 하나님을 사랑할 수 없느니라"(요일 4:20)고 했다. 이렇게 속죄제가 하나님께 지은 죄를 용서받는 제사라면, 속건제는 사람에게 지은 죄를 용서받는 제사이며 배상해야 한다.

둘째, 각 제사 예물의 보충 규례(6:8~7:21)

레위기 6:8~7:21까지는 5대 제사에 대한 각기 다른 제사 예물의 보충 규례에 대한 해설이다. 레위기 1:1~6:7에서 이스라엘 백성들이 하나님께 드리는 각 제사에 치중하였다면 6:8~7:21은 백성들이 드리는 이 제사를 제사장 아론과 그 자손이 어떻게 예물을 하나님께 봉헌해야 할 것인가에 대한 보충 규례들이다. 본 장에는 ①번제 예물 (6:8~13) ②소제 예물(6:14~23) ③속죄제 예물(6:24~39) ④속건 제 예물(7:1~10) ⑤화목제 예물(7:11~21)이 나온다.

(1) 번제 예물의 보충 규례(6:8~13)

번제에 대해서는 레위기 1장을 참조하라. 1장에서는 개인 적인 번제였으나 여기서는 이스라엘을 위해 아침과 저녁으로 드리는 '상번제(常燔祭 · תָּמִיד עֹלָה · 올라 타미드 · 민 28:3, 6, 10, 15, 23-24, 31, 29:6)'이다. 상번제 보충 규례는 두 가지로 ①번제단 의 불이 꺼지지 않고 항상 켜져 있어야 한다. 번제단의 불은 여호와 로부터 나온 것으로(9:24) 제사장은 그 불이 꺼지지 않도록 계속 기름을 공급해야 한다(12~13절). ②제사장은 성소에 들어가서 제사를 집례할 수 있는 세마포 옷을 입어야 한다(16:4, 겔 44:18). 이는 성 결과 거룩한 자격을 가리킨다(계 19:8). 자기의 수치를 가리는 것이 기도 하다(사 3:17, 겔 23:10, 합 2:15).

(2) 소제 예물의 보충 규례(6:14~23)

여기 소제는 제사장이 드리는 소제가 아니라 일반 백성이 드리는 소제다. 구체적인 제물의 종류나 내용은(14~16절) 이미 레위기 2장에서 언급하였다. 다만 본문에는 2장에 없는 소제와 관련된 제사장의 의무에 대하여 언급한다(16~18절).

제사장은 자기 몫의 소제물과 지성물을 신중하게 취급하여 ①소제물에 누룩을 넣지 말 것(16, 17절) ②거룩한 곳 회막 뜰에서(16절) ③아론의 자손 남자들만 먹어야 한다는 규례다.

그리고 19~23절은 제사장 자신이 기름 부음을 받아 제사장의 성직을 받는 임직식에 감사와 충성으로 하나님께 드리는 소제에 대해서다. ①백성이 드리는 소제물은 제사장이 먹을 수 없다(16절). 제사장 자신이 드리는 소제 예물은 번제단 위에 올려놓고 불태웠다(22~23절). ②제사장의 소제물은 '상번제'로 고운 가루를 기름으로 반죽하여 철판에 굽고 기름에 적셔 썰어서 번제단에서 태울 때 향기로운 냄새가 나도록 해야 한다. 이는 제사장으로 위임되는 그 시간부터 그의 일생을 하나님께 드려야 하는 헌신과 희생을 가리킨다(21절).

(3) 속죄제 예물의 보충 규례(6:24~30)

속죄제 예물의 보충 규례는 이미 레위기 4:1-5, 5:13에 있는 속죄제 제사의 기록과 같고, 다만 특별히 제사장에게 해당하는 속죄 규례의 세부 사항만은 유의해야 한다. ①희생 제물의 고기는 반드시 거룩한 곳, 회막 뜰에서만 먹어야 한다(26절). ②희생 제물의 피가 성의(聖衣)에 묻었으면 반드시 거룩한 곳에서 빨아야 한다(27절). 거룩한 곳이란 성막 안을 가리킨다. ③속제 제물의 남은 고기를 토기에 삶았으면 토기를 깨뜨리고, 유기에 삶았으면 그릇을 물에 씻어야 한다(28절). ④피로 속죄한 속죄물(피 섞인 속죄 제물)은 먹을 수 없다(30절).

◈ 제단 위의 불 ◈

하나님의 성전에서 항상 있어야 하는 것은 제물과 불이다. 제물은 자기 속죄 제물로 하나님께 드리는 예물이요, 불은 하나님이 피워 주신 불이다(9:24). 그러므로 번제단에는 항상 제사 드리는 제물이 있어야 하고, 그 제물을 불태워 향기로 올라가게 하는 제단불이 있어야 한다. 그래서 하나님은 제사장에게 제단 위의 불이 꺼지지 않도록 지키라고 하신 것이다(6:13).

1. 하나님의 죄 사함이다.

이스라엘이 출애굽 할 때, 하나님은 불로 어둠을 밝히셨고(출 13:21), 성막의 제단에서 불이 나와 백성들이 자기 죄를 사죄하기 위해 드리는 모든 제물을 불살라 주셨다(9:24, 삿 13:19-20). 제물은 드렸는데 제단에서 불이 나오지 않아 제물을 태우지 않으면 죄 사함이 되지 않는다. 성막에서 직접 불이 나와 제단의 제물을 불태워서 죄 사함을 주는 종교는 하나님의 성막·성전 외에는 없다.

예수님께서는 우리의 모든 죄를 골고다 십자가 제단에서 불태워 버리신 구속사의 불이시다. 생명의 불과 영생의 불이 되시는 예수 그리스도는 지금도 하늘 생명 구원의 불이 모든 성도의 영혼에 붙기를 원하고 계신다. "내가 불을 땅에 던지러 왔노니 이 불이 이미 붙었으면 내가 무엇을 원하리요 나는 받을 세례가 있으니 그것이 이루어지기까지 나의 답답함이 어떠하겠느냐"(눅 12:49-50). 첫 사람 아담의 원죄로 모든 인생의 영생의 불이 꺼졌지만, 둘째 아담이신 예수님이 세상에 오신 것은 골고다 십자가 제단의 불을 다시 영혼들 속에 붙여 구원하려는 것이다(요 1:4-5, 8:12, 12:46).

2. 하나님과 끊임없는 친교이다.

하나님이 제단 불을 끄지 말라는 것은 백성들이 죄를 용서받고 하나님과 계속 친교 하기 위해서다. 하나님과 인간의 단절은 죄가 인간 세계에 들어왔기 때문이다(창 2:17, 3:18-19). 이제 성막의 불에 의해 인간의 모든 죄가 사라졌다면 하나님과 사람의 친교는 가능하게 된다. 그래서 하나님께서는 제단불의 실상이신 그리스도가 오시기 전까지 항상 불을 피워 속죄 제물을 태우므로 백성들의 죄가 없어지고 하나님과 사귐을 갖도록 하신 것이다.

왜 그리스도는 골고다 십자가 고난의 불에 자신을 불태워 버리셨는가? 하나님과 원수 된 인간의 모든 죄를 불살라(엡 2:12-18) 하나님의 자녀로 삼고, 사귐을 갖게 하시고, 마침내 영원한 천성의 기업을 주시고, 무궁한 친교를 나누시려고. 그렇기 때문에 제단의 불은 장차 구원의 실상으로 오실 예수님 구원의 구속사 빛이시다.

3. 하나님께 드리는 헌신이다.

제단의 불이 꺼지지 않게 하는 것은 제사장의 끊임없는 자기 헌신이다. 만약 제단의 불이 꺼져서 죄 사함을 위하여 드리는 속죄 제사가 무효가 된다면 제사장의 사명은 끝나고 제사장직은 상실하게 된다. 그렇기 때문에 번제단에는 항상 희생 제사의 제물이 불에 탈 수 있도록 땔감(6:12)을 공급해야 한다. 일곱 금 촛대의 등잔에는 항상 불이 켜지도록 기름을 채워 주고(24:1-4, 출 27:20, 21), 향단에는 제사 드릴 때마다 깨끗한 향기가 연기와 함께 올라가도록 하며, 향유는 기름병에 담아 놓아야 한다(출 30:22-38). 이 일은 제사장이 해야 하는데 만약 제사장이 소홀하여 잊어버리면 그 제사는 중단되거나 폐지되고 만다. 그렇기 때문에 성막에서 수종(隨從)들고 섬기고 봉사하는 레위인은 오직 제사 드리는 데만 전심전력하는 자기희생과 헌신의 충성이 있어야 한다.

4. 하나님의 성령 불이시다.

성막 안에 있는 등잔대의 일곱 촛대는 성막 · 성전 · 교회를 가리키는 것으로 메시아 오심의 구속사를 상징한다(출 25:31-40, 37:17-24, 계 1:12-13, 20절). 그리고 이 제단의 불은 하나님에게서 나오는 영광의 영으로(9:23-24) 성령님을 가리킨다. 하나님은 제사장에게 '제단 위의 불은 항상 꺼지지 않도록 나무를 준비하라'고 명하셨다(6:12). 교회 안에서 성령님이 떠나지 않도록 항상 기도하고 성령님을 사모하라는 말씀이다(엡 1:13, 4:30, 살전 5:19).

하나님의 교회 일곱 촛대에 불이 켜져 있어야 하는 것은 예수 그리스도가 교회의 주인임을 알고 그분의 말씀대로 해야 한다는 것이다.

교회는 성령의 임재가 있어야 하고, 성령께 순종하고 맡기며, 성령의 뜻대로 되어야 한다. 성령 충만은 바로 예수 그리스도 충만이기 때문에(요 14:17, 26, 15:26, 16:13-14) 예수 그리스도가 증거되지 않는 성령이란 사이비, 다른 영이다. 그리스도의 뜻보다 자기주장을 위하여 성령 충만을 가장하는 것은 적그리스도의 영이다. 성령 충만하다, 하면서 자기 영광과 세상 물욕에 빠지는 것은 하와가 믿었던 다른 신(창 3:5), 곧 큰 용·옛 뱀, 마귀를 섬기는 이단이다(갈 1:6-9, 계 12:9, 20:1-3). 그것에 대한 정체는 예수님께서 말씀하신 대로 종말에 이르러 아무 열매가 없는 행위에서 드러난다(마 7:15-23).

제 7강 예물의 보충 규례와 제사장의 몫
본문 : 레위기 7장

레위기 6장에서는 각 제사 예물 3가지 즉, ①번제 예물(6:8-13) ②소제 예물(6:14-23) ③속죄제 예물(6:24-30)의 보충 규례를 해석하였다. 본 장에는 나머지 두 가지 예물 ①속건제 예물(1-10절) ②화목제 예물(11-21절)을 말씀하면서 피의 금지와(22-27절) 화목제 예물 중 나머지를 제사장 몫으로 돌리라고 하신다(28-38절). 왜 이렇게 제사마다 예물의 종류와 제사 방법이 다르고, 또 각 계층의 사람마다 다른 제사를 드려야 하고, 제사장도 다르게 제사 집례를 해야 하는가?

이미 6강에서 속건제와 각 예물 보충 규례의 해석 첫머리에서 4가지를 논한 바 있다. 그중에서 가장 핵심은 하나님의 계시 언약으로 가나안 땅에 오시는 메시아 예수님이 골고다 십자가에 못 박혀 죽기까지 전 생애 동안 하나님 앞에 산제사의 제물이 되셔서 인류 · 모든 인간의 죄를 다 맡으시고 죄 사함을 성취하셨는가, 하는 구속사의 산 증거가 5대 제사에 예표되어 있다.

첫째, 속건제 예물의 보충 규례(1~10절)
앞의 속건제 제사 기록에서는(5:14~6:7) 제사 드릴 사람을 구분했으나 여기서는 속건제를 집례하는 제사장에 대해 자세하게 기록

한다. 제사의 절차는 속죄제와 같으나 한 가지 다른 것은 속죄제는 피를 찍어 성소의 휘장 앞에 일곱 번 뿌리고, 향단뿔에 바르고, 나머지 피는 제단 밑에 쏟아버린다(4:7, 18, 25, 30, 34절). 그러나 속건제는 그 피를 제단 사방에 뿌린다(2절). 그러면서 제사장의 몫으로 번제는 짐승의 가죽을 주었고, 소제물 일부를 제사장과 그 가족의 몫으로 돌렸다(6:26). 속건제 제물도 성막 안에서 먹을 수 있었다(6, 7절).

둘째, 화목제 예물의 보충 규례(11~21절)

앞에서 5대 제사를 논할 때 화목제를 번제나 소제 다음에 두었으나(3장) 여기서는 속죄제와 속건제 다음으로 마지막에 둔다. 이는 ① 어떤 제사든지 하나님께서 받으시므로 인간의 속죄가 이루어져 결국은 하나님과 화목하게 되는 것이 모든 제사의 근본 목적이기 때문이다. ②화목 제사는 예수님의 골고다 십자가로 하나님과 인간관계는 물론 우주의 통일까지 이루어져야 할 것이기 때문이다.

화목 제사의 가장 큰 요지와 목적은 하나님께 드린 예물과 나머지 제사 제물을 제사장께 드리고 전 성도들이 함께 공동식사를 하는 것이다. 그렇기 때문에 화목제는 구약의 5대 제사 중 드린 자가 제사 예물을 먹을 수 있는 유일한 제사이며 목적은 두 가지다. ①사람이 하나님과 친교 할 수 있는 마지막 방법이다(엡 2:12-18). ②사람과 사람의 화평의 교제이다. 만약 화목제로 이 두 가지가 이루어질 수 있다면 그 어떤 제사에도 들어갈 수 없는 누룩도 화목제의 감사 희생에는 들어갈 수 있다(7:13, 암 4:5).

화목 제사를 드리는 자의 모든 죄가 사해지고 정결하고 거룩해졌다면, 누룩같이 더럽고 추한 인생이라도 이제는 죄 사함이 되었으니 하나님의 어떤 제사에도 참여할 수 있고, 누구와도 화목한 사귐을 가질 수 있다. 우리 주 예수님은 온 인류·모든 인간의 화목 제물로 이 세상에 오셨다. 예수님의 골고다 십자가 보혈로 하나님과 인간과 우주 만물의 화목을 성취하셨다. 예수님으로 사죄의 화목을 이루셨다면 세리, 창기, 도둑, 강도까지 모두 주님의 성찬에 들어와 먹고 마실 수 있다. "나는 의인을 부르러 온 것이 아니요. 죄인을 부르러 왔노라"(마 9:13).

셋째, 피와 기름의 금지(22~27절)

화목제 예물의 보충 규례를 언급하는 중에 다시 한번 모든 짐승의 기름과 피를 먹지 말라고 하셨다(3:17). ①짐승의 피는 그것의 생명이요(26-27절, 창 9:3-6, 신 12:16, 23절) ②짐승의 기름은 생명을 지탱해 주는 힘의 원천이기 때문이다(3:16, 삼상 2:15-16, 겔 44:7). 본문에서는 기름보다 짐승의 피 먹는 것을 더 엄격하게 금하고 있다. 이는 일찍이 노아에게 내린 경계로(창 9:4), 구약은 어느 곳에서도 피를 금하셨다. 그 원인은 짐승의 피는 생명으로 그 생명은 하나님만 주관하시고 또한 예수 그리스도의 보혈을 예표하기 때문이다.

신약에서는 어떤가? 모든 짐승의 고기는 예수님의 보혈로 정결케 되었기에 무엇을 먹고 마시든지 하나님의 영광을 위하면 된다고 하셨다(고전 10:31). "하나님께서 지으신 모든 것이 선하매 감사함으로 받으면 버릴 것이 없나니 하나님의 말씀과 기도로 거룩하여짐이라"(딤전 4:4).

사도들은 예루살렘 제1차 총회에서 4가지를 금하도록 정했다. ① 우상의 더러운 제물 ②목매어 죽인 것 ③음행 ④피(행 15:20, 29). 이미 구별된 성도라면 뱀 같은 혐오식품이나 또한 먹고 마시는 자리가 지극히 세속적인 곳이라면 피할 수 있어야 한다.

넷째, 화목제 제물의 제사장 몫(28~36절)

이 부분은 화목제 예물 중에 특히 아론과 그의 아들에게 돌려져야 할 제사장의 몫이다. 하나님께서 제사장 몫으로 주라고 규정한 제물의 부위는 요제로 드려진 짐승의 가슴 부분과(28-31절) 거제로 드려진 짐승의 오른쪽 뒷다리 부분이다(32-36절). 하나님께서 제사장을 생각하시는 것은 제사장은 오직 성막·성전에서 하나님의 일에만 전념하므로 자기 가정의 생계를 돌볼 여력이 없기 때문이다. 모든 제사의 예물은 하나님의 것이지 제사장의 것이 따로 있는 것이 아니다. 다만 하나님께서 제사장 가정의 생계를 위해 하나님께 바쳐진 예물을 따로 떼어서 제사장에게 돌려주신 것이다. 제사장의 육체를 돌보시는 하나님의 긍휼과 자비하심이다(신 25:4, 고전 9:9-11, 딤전 5:17-18).

'거제(תְּרוּמָה·테루마)' 예물이란, '기증(Contribution)'으로 예물 중에서 어떤 것을 골라 제사장에게 올린 부분이다. 그리고 '요제(תְּנוּפָה·테누파)'란, '흔들다(נוּף·누프)'는 동사에서 온 말로 요제 제사라는 뜻이다. 하나님 말씀에 의해 제물을 들고 성소를 향해 앞으로 내미는 것은 그 예물을 하나님께 바치는 것이다. 도로 거두는 것은 하나님께서 제사장에게 주시는 것을 가리킨다(for a wave offering).

이처럼 화목 제물 중에서 요제로 드린 가슴과 거제로 드린 오른쪽 뒷다리를 제사장이 받고(30-34절), 이 외에도 소나 양의 앞다리와 두 볼과 위(신 18:3)와 처음 거둔 곡식과 포도주와 기름과 처음 깎은 양털까지 받는다면(신 18:4) 제사장의 생활은 풍족했을 것이다. 화목제를 드리는 백성에게 날마다 받았기 때문이다. 그래서 넘쳐나는 것을 시장에 내다 팔기까지 했다(고전 10:25). 그러나 신약의 사도들은 사도 바울을 비롯해 굶기를 밥 먹듯 했다(행 20:33-35, 고후 11:23-30). 그래서 성도들을 통하여 가는 곳마다 전도비를 받았다(고후 11:8-9 참조).

다섯째, 각종 제사 예물의 총 결론(37~38절)

본문을 5대 제사 예물 드림의 보충 규례 결론으로 보는 시각도 있으나 그보다는 본서 제1부 제사법(1-7장)의 결론이라는 의견이 다수이다(Keil, Delitzsch, Merrick, Midklem).

그런데 레위기 1-7장에 있는 5대 제사 외에 위임식이 보인다. 이 모든 제사가 성막에서 아론과 그 아들에 의해 집례 되어야 했기 때문이다(6:19-23, 7:35-36, 출 29:1-37).

'위임식(וְלְמִלֻּאִים · 웰람밀루임 · and of the consecrations)' 은 '가득 찬' 이란 뜻의 '밀루(מָלֵא)' 이다(8:28). 아론과 그 아들을 제사장으로 세울 때 그들의 손에 예물을 가득히 채운다는 것에서 유래되었다(대상 29:5).

이러한 구약의 5대 제사는 실제로 모든 제사를 한꺼번에 성취하신 예수 그리스도 십자가의 속죄 피로 종결되었다. 그러나 5대 제사의 영적 의미는 신약시대의 예배에도 반드시 적용되어야 한다.

(1) 번제 (燔祭 · עֹלָה · 올라 · a burnt offering)

번제는 '올라간다' 는 의미다. 예수님이 만민을 구원하시기 위해 하나님께 자신을 온전히 바친 것처럼(히 9:14), 그리스도인도 자신을 온전한 산 제물로 하나님께 바쳐야 한다. 번제는 제물 전체를 하나님께 드리는 것인데 예수님도 그렇게 하셨다.

(2) 소제 (素祭 · מִנְחָה · 민하 · a grain offering)

소제는 '선물' 이란 의미다. 곡식을 아주 고운 가루로 만들어 떡으로 드렸다. 예수님도 사생애(私生涯) 30년을 철저히 하나님께 드리셨다. 그리스도인도 날마다 깨끗하고, 정결하고, 거룩한 삶으로 드려야 한다.

(3) 화목제 (和睦祭 · הַשְּׁלָמִים · 핫쉐라밈 · the peace offering)

화목제는 '평안, 평화' 란 의미다. 하나님 공의의 진노를 만족하게 하는 제사이면서 하나님과 화해한다. 예수님은 하나님과 인간 사이를 화목하게 하는 화목 제물이 되셨다(고후 5:18-21, 엡 2:12-18). 그리스도인은 하나님과 화목하면서 이웃과도 화평해야 한다. 성도는 평화를 만드는 사람이다.

(4) 속죄제 (贖罪祭 · חַטָּאת · 하타아 · ths sin offering)

속죄제는 '범죄'란 의미다. 속건제와 함께 의무제사이다. 짐승을 완전히 불태워 산제사를 드릴 때, 죄 사함이 이루어지고 하나님께 나갈 수 있다. 예수님은 예루살렘 성안에서 고난을 받으시고 유대인의 모든 죄 짐을 홀로 지셨다(신 21:23). 그리스도인의 모든 영육간의 죄가 그리스도의 속죄피로 없어질 때 비로소 하나님과의 관계가 정화된다.

(5) 속건제 (贖愆祭 · אָשָׁם · 아삼 · a trespass offering)

속건제는 '배상하다' '죄과, 과오'라는 의미다. 제사는 속죄제와 같으나 여기서는 하나님과 사람에게 손해를 끼친 만큼 배상해야 한다. 예수님은 첫 사람 아담이 하나님께 지은 원죄를 그 어떤 것으로도 배상할 수 없어 자신의 몸을 속건 제물로 하나님께 배상하고 청산하셨다. 우리도 하나님의 것과 사람의 것을 모두 청산하지 않으면 하나님 앞에 나갈 수 없다.

제사의 방법은 4가지가 있다.

(1) 화제 (火祭·אִשֶּׁה·이솨·a burnt offering)

화제는 '불살라 버린다' '불로 태워드리는 제사' 라는 의미다. 모든 제사가 다 응용된다. 이는 하나님께 향기로운 냄새다(1:9). 예수님의 몸 전체를 골고다 십자가의 제단에 바친 것을 가리킨다(사 53:12, 엡 5:2). 그리스도인도 거룩한 산 제사로 드려야 한다(롬 12:1).

(2) 요제 (搖祭·תְּנוּפָה·테누파·a wave offering)

요제는 '흔드는 제사' 란 의미다. 제사장이 화목제(7:30)와 속건제(14:12, 14절)에서 제물을 들고 성도를 향하여 전후로 흔들고, 하나님께 바치고, 도로 받았다. 예수님은 자신을 하나님께 다 바쳤는데(빌 2:5-8) 하나님께서는 천하 만민의 영혼을 주님께 내주어 구원시키셨다(빌 1:11). 우리 자신을 하나님께 다 드리면 하나님도 땅의 복과 하늘의 영생으로 채워주신다(엡 1:13-14).

(3) 거제 (擧祭·תְּרוּמָה·테루마·an heave offering)

거제는 제물을 '위아래로 흔들고 내린다' 는 의미다. 이는 화목제다(7:14, 32). 드리는 제물을 하나님께 바침으로 높이 들었다 내렸다 하는데 하나님으로부터 다시 받는다는 뜻이기도 하다. 예수님은 십자가의 제물로 드리셨는데 하나님께서 부활로 다시 그 생명을 주셔서 온 우주의 구주로 삼으셨다. 우리도 하나님께 모든 것을 다 드리면 하나님께서 우리에게 다 주신다.

(4) 전제 (奠祭 · נֶסֶךְ · 네쎄크 · the drink offering)

전제는 '포도주를 부어 드린다'는 의미다. 이는 포도주나 독주를 번제(출 29:40-41), 소제(23:13), 화목제(23:19)에서 다른 제물과 함께 부어 바치는 것을 가리킨다. 예수님도 골고다 십자가에서 자기의 피를 죽음의 전에 부어서 아버지께 올렸다. 사도 바울은 이제 얼마 남지 않은 자기 목숨 앞에서 "전제와 같이 내가 벌써 부어지고 나의 떠날 시각이 가까웠도다"(딤후 4:6)고 했다. 그리스도께 다 부어지는 전제의 생명이 되기를 바란 것이다. 그리스도인의 생애란 무엇인가? 생명이 끝나는 그 순간까지 내 생애 전체를 전제와 같이 주 예수님의 잔에 부어 드리기를 원하는 것이다.

이처럼 레위기의 5대 제사와 4대 제사의 방법이 있어도 그 제사와 제물은 결국 임시적이고 일시적이며 십자가 속죄의 예표적인 그림자에 지나지 않는다. 날마다 성소에서 제사장이, 해마다 지성소에서 대제사장이 짐승의 피로 제사를 드렸지만 어찌 짐승의 피와 살점이 인간의 원죄와 자기 죄를 씻어 속량할 수 있겠는가. 그렇기 때문에 구약시대 그 어떤 제사라도 장차 언약의 땅 가나안에 오셔서 골고다 십자가에서 몸 찢고 피 흘려 인간의 모든 죄를 속죄하시는 그리스도 예수님의 완전하신 속죄 피의 모형과 예표에 지나지 않는다. 레위기에 나타난 제사 제도의 속죄는 신약의 레위기라 일컬어지는 히브리서에 그 답이 있다.

제사장 위임식

본문 : 레위기 8장, 출애굽기 29:1~37

　레위기 1-16장은 제사 법전으로 1-7장은 구약의 5대 제사와 4가지 제사 방법이고, 8-10장은 그 제사 방법으로 제사해야 하는 제사장, 대제사장의 위임식에 관한 기록이다. 이스라엘 민족 최초의 제사장, 대제사장은 아론과 그의 아들로부터 시작된다. 그런데 제사장에 대한 위임식은 레위기 8-10장이 처음 시작하는 것이라기보다 모세가 시내산에서 하나님으로부터 성막·성물에 대한 계시를 받을 때 이미 제사장에 대한 위임절차도 함께 받은 계시의 예언이다(출 29:1-46). 그렇지만 제사장, 대제사장으로 위임되는 것보다 앞서 제사 드릴 성막이 있어야 하고, 제사 법전과 방법이 우선 된 후에 제사 지낼 제사장이 필요한 것이다. 하나님께서 먼저 모세에게 성막을 만들라 하시고, 다음으로 제사 제도에 관한 규례를 제정하신 후에 제사장, 대제사장 위임을 말씀하셨다.

　위임식에 관한 제사 절차는 5대 제사이고, 제사의 4가지 방법을 그대로 시행한다. 제사장 개인의 준비는 ①아론과 그 아들을 데려다가 물로 몸을 깨끗하게 씻긴다(1-6절). ②제사장의 의복을 입히고 관유를 머리에 붓고 바른다(7-13절). ③그들을 위해 속죄제와 번제와 소제와 화목제를 정해진 규례에 따라 정성껏 드린다(14-29절). ④제사 후, 관유에 희생 제물의 피를 섞어 제사장에게 뿌린다(30절). ⑤마지막으로 화목 제사의 예물을 가지고 회막 문에서 신임 대제사장과 제사장이 소제물과 함께 먹는다. 이때 모든 성도와 같이 먹지 않고 아론과 그의 아들 제사장만 먹는 것은 화목 제물을 제사장이 아니라 제물을 바친 자의 입장에서 먹는 것이다(7:15-18).

위임식은 한 주간 동안 계속 반복된다(31-36절). 이 위임식을 통해 하나님과 백성들 사이에 중보의 다리가 놓인 것이다. 그 중재자는 사람이지만 하나님과 합당한 교제를 성립하기 위하여 성령의 거룩함을 입어야 한다. 이는 언약의 땅 가나안에 참 중보자로 오실 하나님의 아들 예수 그리스도의 그림자이다. 예수님은 하나님과 사람 사이에 참된 중보자, 제일의 보혜사(παράκλητος·파라클레토스·Helper, Mediator)가 되시기 위해 사생애 30년, 공생애 3년을 보내셨다. 완전한 중보자가 되시기 위해 9일동안 집중적으로 준비하셨다 마 21:1~28:1, 막 11:1~16:6, 눅 19:29~24:6).

구약의 제사장, 대제사장은 우리 인간의 진정한 중보자가 될 수 없다. 이들은 모두 참 보혜사가 자기 땅에 오시기까지 대신하는 중보자(Mediator) 일 뿐이다(히 7:26-28). 자기 죄도 감당할 수 없는 사람이라면(히 5:1-3, 7:27-28, 10:11) 인류의 중보자가 아니다. 이들은 참 중보자가 오시기 전까지 그 중보를 대신 맡았던 그림자요, 모형이다. 예수 그리스도는 하나님이 우리에게 보내신 참 중보자시다. 골고다 십자가에서 인류의 모든 죄를 짊어지고, 몸 찢고 피 흘려 죽으신 인류 대속의 보혜사이다. 그러므로 죄도 없고, 흠도 없는 무죄하신(벧전 2:22, 요일 3:5) 우리의 중보자 앞에 나가 죄를 고하고 사함을 받아 거룩한 의인이 되어야 하나님 앞에 당당히 나갈 수 있게 된다 (히 4:16, 7:25, 12:12-13).

첫째, 제사장 위임식 시행(1~13절)

제사장 위임에 관한 내용은 출애굽기 29:1-37과 같다. 하나님께서 출애굽기를 통해 모세에게 말씀하신 것이 여기서는 역사적 사실로 된다. 이스라엘의 초대 제사장·대제사장의 위임식은 한 나라의 왕위 즉위식을 방불케 했다. 위임식의 명령자는 하나님이시고(1절), 위임받을 자는 아론과 그의 아들이며(2절), 그 자리에 축하하러 모인 자는 일반 백성이며(3절), 위임식의 집례자는 모세였다(4절).

제사장 위임식 절차는 ①모세가 성막에 준비된 물두멍의 물에 아론과 그 아들을 데려다가 깨끗하게 씻기고, 머리에 관유를 붙는다. ②머리에 관을 씌우고(7-9절, 출 29:5-9) 제사장, 대제사장의 성의를 입혀 제사 드리기에 합당한 몸가짐을 갖게 했다.

이는 다음과 같은 깊은 영적의미를 갖고 있다. ①신약교회는 누구나 하나님께 나와 예배드릴 수 있다. 그러나 아무리 만인 제사장 시대라고 해도(출 19:6, 벧전 2:5, 9, 계 1:6, 5:10, 20:6) 하나님을 만나려고 나오는 자가 먼저 주 예수 그리스도 골고다 십자가의 피로 자기 죄를 씻어 정결하지 않으면 예배할 수 없다. 이는 구약시대에 물두멍의 성수로 몸을 씻지 않고는 아무도 제사장 직분을 맡을 수 없는 것과 같다. ②큰 대제사장(히 4:14)이신 예수님의 성의를 예표한다(계 1:13). 그러나 구약의 대제사장은 스스로 대제사장이 된 것이 아니라 누가 임명해야 했고(8:9, 13절, 출 29:9) 임기가 만료될 때도 있다. 그러나 예수님은 멜기세덱의 반차를 따른 영원한 대제사장으로(히 7:11-17) 스스로 대제사장이 되셨다(단 10:5-9). 절대 끝나지 않는 우리의 영원하신 대제사장이시다(히 7:21, 24).

현재도 가톨릭교회 신부나 프로테스탄트(Protestant) 목사들은 소위 성의라 하여 강대상에서 가운을 입는데 이는 전혀 무익한 일이다. 예수님은 외모적인 자기 꾸밈이라며 반대하셨다(마 23:5). 칼빈주의 장로교회에서도 목사 안수식이나 성찬식에서 가운을 입는 것이 마치 성문율처럼 되어 있는 것은 반 칼빈주의로 보아야 한다. 반드시 시정되어야 한다.

둘째, 제사장 위임식의 제사(14~29절)

제사장 될 자의 준비가 끝나면 제사장직에 성별되기 위한 여러 가지 제사를 드렸다. ①속죄제(14-17절) ②번제(18-21절) ③화목제(22-29절)이다.

이 3가지 제사를 가리켜 '위임제(הַמִּלֻּאִים · 함밀루임 · of consecration)'라고 칭하는 것은 제사장 위임식에서 하나님께 드려졌기 때문이다. 이에 대한 제사 규정은 이미 출애굽기 29:19-31에 정해졌고, 레위기 8:14-29에서 규정대로 행한 것이다. 3가지 제사에 사용된 제물은 속죄 제사용으로 수송아지가 드려졌고(14, 17절), 번제와 화목제에는 숫양이 사용되었다(18, 20, 21, 22, 29절). 특히 화목 제사에는 소제에 사용되는 무교병을 넣었으니(26절) 화목제에 소제를 겸하여 드린 것이다.

그렇다면 제사장 위임식의 제사는 속건제만 제외하고 모두 제사된 것이다. 여기서 속건제만 제외한 것은 속건제는 제사 규례가 속죄제와 같고, 제사장 위임식은 속죄나 배상이 아니라 하나님과 이스라엘을 화목시키고, 경사스런 예식이었기에 속죄제 한 가지만 족하게 생각한 것이다. 이것을 보면 구약의 5대 제사가 인간의 죄를 따져 벌칙을 가하는데 목적이 있는 것이 아니라 오히려 자기 백성을 성결하게 하고, 거룩하게 하여 하나님과 영원한 친교를 갖는 데 큰 목적이 있다. 그렇기 때문에 5대 제사로는 인간의 죄를 완전히 속죄할 수 없기 때문에 자비롭고, 은혜롭고, 긍휼이 풍성하신 하나님께서 더 완전한 죄 사함을 이루시기 위해 독생자를 세상에 보내 골고다 십자가에서 속죄를 성취하신 것이다(히 5:1-3, 7:26-27, 9:11-15, 10:1-4, 10-14절).

셋째, 제사장 위임식의 마무리(30∼36절)

이제 하나님이 원하시는 대로 하나님과 백성이 만나는 회막과 제사드리는 성막이 완성되었다. 백성의 죄는 사죄되었고, 하나님과 친교 할 수 있는 5대 제사도 제도화되었다. 그 성막에서 5대 제사를 4가지 방법으로 제사드리게 될 제사장과 대제사장도 세워졌다. 모든 것의 마무리 단계에서 종합적으로 말씀하셨다.

(1) 앞에서도 제사장 성의에 피와 관유를 뿌렸고(출 29:21) 다시 한번 제단 위의 성유와 피를 가져다가 아론과 제사장 아들의 옷에 뿌려 거룩하게 하라고 하셨다(30절).

(2) 제사장 아론과 그 아들은 위임제의 예물을 가지고 회막 내 거룩한 곳에서 공동식사를 하라고 하셨다(31절). 단 이날 먹은 음식은 남기지 말고 모조리 불태워야 했다.

(3) 위임식은 7일 동안 매일 할 것이며, 제사장은 이 기간에 성막을 떠나서는 안 된다(33-36절). 교회의 주인은 오직 예수님이시고, 목사는 한 번 위임 받았으면 죽는 그 날까지 강대상을 떠나서는 안 된다. 목사의 생명은 교회에 있다.

제 9강 제사장의 직무

본문 : 레위기 9장

아론과 그 아들에 대한 제사장 위임식이 7일 동안 마쳐지고 본 장에서는 히브리 민족 이스라엘의 초대 제사장과 대제사장의 직무가 시작된다. 아론과 그 아들이 성별 된 제사장 자격으로 자신과 이스라엘 선민을 위해 드리는 첫 번째 제사다. 내용은 ①직무에 대한 명령(1-7절) ②제사장을 위한 제사(8-14절) ③이스라엘 회중을 위한 제사(15-21절) ④모세와 아론의 축복(22-24절)이다. 이 제사에서 하나님은 제단 위의 불로 모든 번제물과 기름을 태워 응답하시고 이스라엘에 영광으로 나타나셨다.

성막에서 하나님께 드리는 최초의 제사로 신정통치가 시작되고, 대제사장 아론이 하나님과 인간 사이의 중보자가 되어 신인(神人)간에 친교가 열리게 된다. 그동안 모세 혼자 하나님과 독대(獨對)하였다면 이제는 대제사장이 중매자(仲媒子)가 되어 언제든지 하나님과 만날 수 있게 되었다. 대제사장 아론은 멜기세덱의 반차를 쫓는 우리의 영원한 대제사장 예수 그리스도의 중보 사역을 예표하는 모형이다. 아론의 속죄 중보는 불완전하고, 그 효력이 제한적이고, 계속 되어야 하는 제사였기 때문에(히 5:1-3, 10:10-14) 장차 오셔서 단 한번 속죄 제사로 영원한 화목이 되는 예수 그리스도의 골고다 십자가의 제사를 기다린 것이다(히 7:26-27, 9:11-15).

신약의 성도들은 구약의 성막 · 성전의 어떤 제사도 언약의 땅 가나안에 오셔서 자기 몸으로 산제사를 드려 완전한 구속사를 성취하실 그리스도의 모형으로 알아야 한다.

첫째, 직무에 대한 명령(1~7절)

모세가 아론과 그 아들과 이스라엘 장로들에게 내리는 첫 번째 지시는(1-2절) 이스라엘 백성을 위해 하나님께 영광 돌리는 제사를 드리라는 것이다(3-6절). 속죄제(3절), 번제(3절), 화목제(4절), 소제물(4절)이다. 아론이 대제사장이 되고, 그 아들이 제사장이 된 후에 처음 드리는 제사였다.

아론이 위임받은 첫 날, 하나님의 첫 명령은 왜 제사인가? ①인간의 원죄와 자범죄를 씻고, 영 · 육 간에 정결하게 되어 하나님의 거룩한 백성이 되기 위해서다(신 7:1-11). ②다른 어떤 것으로도 인간의 범과(犯過)가 사죄 될 수 없고, 오직 구속의 피만이 속죄함을 받을 수 있다는 진리를 가르쳐 주기 위해서다(히 9:22). ③하나님께는 죄의 몸으로 나갈 수 없다. 하나님은 거룩하신 신이시기 때문에 누구든지 하나님을 만나려면 죄가 씻어지고, 거룩하게 되어야 하나님과 교제가 된다(요일 1:3, 6-7절). ④장차 계시 언약의 땅 가나안에 오셔서 십자가를 통해 인류의 구속을 이루실 주 예수 그리스도의 구속사를 예표하기 때문이다.

둘째, 대제사장 아론을 위한 제사(8~14절)

예수님께서 골고다 십자가에서 자기 피로 천하 만민의 죄를 구속하시기까지 제사장, 대제사장이 백성의 죄를 사하기 위해 먼저 해야 할 제사의 규범과 규례가 있는데 먼저 자기 죄부터 사함이 되어야 한다는 것이다(히 5:1-4, 7:26-28, 10:1-4). 성막의 물두멍에서 먼저 자기 손과 발을 씻고(출 30:17-21), 놋 제단에서 자기 죄의 속죄가 이루어져야 한다(4:1-12, 출 30:10).

왜 제사장의 죄부터 사죄 되어야 하는가? ①인간은 누구나 원죄가 있고(창 2:17, 3:6, 17-19, 롬 3:10-18) 자기 죄도 있기 때문이다(요일 1:8-10). ②백성의 모범이 되어야 할 제사장이 먼저 죄 사함의 본을 보여 줘야 하기 때문이다. ③죄 있는 몸으로는 다른 사람의 죄를 사해 줄 수 없다. 먼저 내 죄가 없어져야 나의 정결함으로 형제의 죄도 사할 수 있기 때문이다(마 7:3-5). ④제사장 자신도 오시는 메시아의 십자가 피 밖에 없다는 것을 증거 하기 위해서다. 대제사장 아론은 오시는 그리스도의 그림자이다.

셋째, 이스라엘 백성을 위한 제사(15~21절)

아론은 자신을 위한 제사를 드린 후에 백성을 위한 제사를 집례한다. 백성을 위한 제사는 속죄제(15절), 번제(16절), 소제(17절), 화목제(18-21절)였다. 여기서 속건제가 빠진 것은 소제, 속죄제 속에 속건제가 포함되었기 때문이다. 계속되는 제사로 인해 하나님과 사람에게 배상할 만한 범죄가 없었기 때문이다. 4가지 제사는 이미 출애굽기에 기록되어 있다. 다만 전에 속죄제를 드릴 때는 수송아지였는데

(4:3, 4, 5, 8, 11-12절) 여기서는 그보다 값이 싼 숫염소를 가져오라고 하셨다(9:3, 15절). 왜 달라졌을까? 수송아지는 백성들의 죄를 사하기 위해 드리는 속죄 제물이었다면 숫염소는 이미 속죄된 후에 재차 드리는 성결 유지용이었기 때문이다.

넷째, 모세, 아론의 축복과 하나님의 영광(22~24절)

대제사장 아론은 두 번 축복한다. 제사를 마치고 제단에서 축복한 후(22절), 제단에서 내려와 모세와 함께 또 한 번 축복한다(23절). 그때 여호와의 영광이 온 백성에게 나타나며, 불이 여호와 앞에서 제단 위의 번제물과 기름을 사른다(24절). 이스라엘 최초의 대제사장이 된 아론의 첫 번째 제사를 하나님께서 영광스럽고 기쁘시게 받으셨다.

아론과 모세는 대제사장과 왕으로 오실 예수님을 예표한다. 모세와 아론이 회막에 들어갔다 나와서 자기 백성에게 축복한 것은 장차 될 좋은 일의 그림자이다. 언약의 땅 가나안에 성탄 하시고, 죽으시고, 부활하신 후 하늘 성전에 올라 하나님 보좌 우편에 앉으신 그리스도께서 장차 다시 그 언약의 땅에 재림하실 때(슥 14:4), 그리스도와 더불어 하나님의 영광이 온 우주에 가득 차게 될 것을 가리킨다(마 24:30, 26:64, 막 9:1). 또한 불이 여호와 앞에서 나와 제단 위의 번제물과 기름을 사른 것(24절)은 제사의 응답을 가리킨다.

성경에서 하나님과 관련된 불은 ①죄인에 대한 하나님 진노의 심판이다(10:1-2, 창 19:24-25, 민 16:31-35). ②자기 백성을 인도하

시고 지켜 주시는 불이다(출 13:21-22). ③하나님의 위엄과 영광의
표식이다(출 19:18, 왕상 18:38, 대하 7:3). 본문의 여호와 하나님의
불은 이스라엘이 하나님을 떠나지 않는 한 계속 하나님의 회막에서
백성과 만나 주시면서 예배를 드릴 때마다 불로 응답하신다는 언약
이다.

제 10강 제사장의 징벌

본문 : 레위기 10장, 사무엘하 6:1~11

　이스라엘 최초의 대제사장이 임직되고(8장), 그들에 의한 제사가 거룩하게 마쳐진 후(9장), 누구도 원하지 않았던 큰 불상사가 일어나 제사장에 대한 규례가 다시 생긴다. 다윗이 3만명 친위대를 바알레 유다로 보내 하나님의 궤를 모시려는 경축일에 그만 아비나답의 아들 웃사와 아효로 인해 큰 불상사가 생긴 것과 같다(삼하 6:1-11). 또한 초대 예루살렘 교회에 대 부흥의 서광이 비칠 때, 아나니아·삽비라로 인해 교회가 추락하는 위기에 처했다. 성도와 교회는 항상 경각심을 늦추면 안 된다. 오히려 평안할 때, 위기의 때를 준비하고 전신갑주를 입어야 한다(엡 6:10-18). 위기를 당할수록 더 그리스도를 굳건하게 믿고, 참고 견디면서 소망 중에 승리를 바라야 한다(히 11:13-16, 벧전 4:4-16).

　제사장 나답과 아비후는 아론의 네 아들 중 장남과 차남이다(출 6:23). 그 둘은 아버지와 작은아버지 모세를 따라 시내산에 올라 하나님의 현현(顯現·theophany·θεοφάνεια·데오파네이아)을 70명 장로와 함께 뵙는 영광을 가졌다(출 24:1, 9-11절). 이제 그들은 이스라엘의 제사장이 되었다(8:30). 그 중 나답은 아론의 뒤를 이어 대제사장이 될 수 있었지만 그의 사망으로 대제사장직은 셋째 엘르아살에게 돌아갔다(민 20:26-28). 그러므로 레위기 10장에서 음주법이 생겼고(9–11절, 민 6:3), 아론의 셋째 아들 엘르아살과 이다말에 대한 모세의 견책까지 불거진 것이다(16–20절).

첫째, 나답과 아비후의 죽음(1〜7절)

나답과 아비후의 사망은 한마디로 하나님 제사 규례의 범법이다. 원래 하나님께 분향하려면 번제단의 불을 옮겨다 법궤 앞 성소에 있는 금 향단에 불을 붙여야 한다(16:11–13). 향로를 가져다가 향단에 불을 피우는 일은 오직 대제사장만 할 수 있는 특권이다(출 30:7–8). 더구나 성소에 들어가는 것도 지극히 제한되어 있었다. 제사장이 할 일은 대부분 놋 제단에서 이루어졌다.

그런데 나답과 아비후는 전혀 거리낌도 없이 성소에 들어가 대제사장만 할 수 있는 금 향로를 가져다가 다른 불을 피우려고 한 것이다(1절). 여기서 '다른 불(זָרָה אֵשׁ · 에쉬 자라 · strange fire)' 은 '이상한 불' '거룩하지 않은 불'이다. 번제단의 불은 하나님이 직접 하늘에서 내린 불이다(9:24, 왕상 18:38, 대상 21:26, 대하 7:1). 그 어떤 세상 불과도 다르기 때문에 성막에서 제사드릴 때 사용되는 불은 오직 제단불이어야 한다. 그런데 나답과 아비후는 번제단의 성화를 사용하지 않고 세상의 다른 불을 신령한 장소에 들여다가 제사의 불로 사용한 것이다. 제사장 나답과 아비후의 범죄는 구체적으로 무엇인가?

(1) 거룩함과 세속을 구별하지 못한 무지의 죄다.

거룩함은 하나님의 신성적 신본주의다. 세속은 인간적 인본주의다. 성막교회는 세상에 있으나 인본주의를 따라가면 반드시 망한다. 분명히 번제단의 성화(聖火)가 있는데 고의로 성소를 세속화한 것은 죽어 마땅하다. 그대로 두면 이스라엘은 세속으로 망하고 만다.

(2) 경거망동한 행위다.

부친 아론은 대제사장이고 자기들은 제사장이었기에 특권 의식에 빠져 하나님 앞에 오만무례(傲慢無禮)한 행위가 서슴없이 나온 것이다. 누구보다 조심하고 또 삼가야 할 그들은 하나님의 존엄과 영광을 훼손한 것이다.

성경에서 말하는 '경외(יָרֵא · 야레)' 란? ①하나님을 두려워하는 것이다. ②하나님을 지극히 사랑하는 것이다. 나답과 아비후, 아효와 웃사(삼하 6:1-11)는 하나님 앞에서 무지하여 하나님의 거룩한 뜻을 역행한 것이다. 경건한 신앙은 하나님을 사랑하는 것과 하나님 앞에서 두려움을 갖는 양면적인 신앙이다.

(3) 짐짓 범한 죄다.

이는 사함 받지 못할 대죄(大罪)로(민 15:30, 히 10:26) 고의로 범하는 죄를 가리킨다. 하나님께 드리는 제물을 사르는 불은 반드시 번제단의 불로 성소에 있는 금향단에 붙여야 한다. 제사의 규례이다 (16:11-13, 출 30:7-10). 그것을 제사장이 모를 리가 없다. 더구나 번제단은 성소의 향단과 아주 가까운 곳에 있기 때문에 얼마든지 제단의 불을 옮겨 향단에 붙일 수 있다. 그런데도 번제단의 불 대신 다른 곳의 불을 가져와 성소 향단에 붙인 것은 전형적인 인본주의로 타락한 것이다.

(4) 술 취해 혼미한 상태였다.

지금까지 나오지 않던 '포도주와 독주를 회막에서 마시면 죽으리라'는 말씀(8-11절)이 있는 것을 보면, 나답과 아비후는 독주에 취해 혼미한 가운데 다른 불을 향단에 붙인 것 같다. 추론이다. 이때 대제사장 아론이 전혀 슬퍼하거나 다른 말이 없는 것을 보면(3절) 죽은 두 아들은 하나님의 말씀대로 하지 못한 것이다. 엘리의 두 아들 홉니와 비느하스도 제사장이다(삼상 2:12-25). 그렇기 때문에 하나님은 제사장과 나실인에게 포도주와 독주를 금지했던 것이다.

둘째, 제사장 음주에 관한 규례(8~11절)

출애굽부터 레위기 10:7까지 하나님으로부터 포도주와 독주에 대한 말씀은 한마디도 없었다. 그런데 하나님께서 음주 문제를 나답과 아비후의 죽음과 관련지어 제사장이 회막에 들어갈 때 포도주와 독주를 마시면 죽는다고 하셨다(9절). 분명히 두 제사장의 사망은 음주와 관련이 있는 것으로 본다. 그러므로 레위기 10:1-7과 연결하면, 나답과 아비후가 술에 취해 번제단의 성화가 아닌 다른 불을 성화로 착각하거나 고의로 향단에 붙인 것이다. 이때부터 나실인과 제사장에게 포도주와 독주는 물론 포도즙도 마시지 말고, 생포도나 건

포도도 먹지 말고, 심지어 포도씨나 껍질도 먹지 말라는 철저한 금지령이 내려졌다(민 6:3, 잠 20:1, 23:20-21, 29-35절).

성경에서 음주를 금지하신 것은 ①그리스도인은 세상 사람과 성별되어야 하기 때문이다. ②음주뿐만 아니라 모든 생활에서 성결하고, 경건하며, 거룩하고, 절제되어야 한다. ③그리스도 예수님처럼 세상 사람들에게 모범이 되어야 할 것을 가르치기 위해서다(롬 8:29). 더구나 하나님과 교회 앞에서 제사장·목사라면 모든 생활에서 하나님께 영광이 되어야 한다.

셋째, 제사장의 분복(12~15절)

제사장의 음주 금지 명령에 이어 본문에는 바쳐진 희생 예물 중에서 제사장에게 돌아갈 분복(分福), 즉 나눠 받는 것에 대한 하나님의 배려이다. 이미 제사장 몫에 대해서는 레위기 7:28-38에서 말씀하셨다. 소제, 속죄제, 속건제 제물은 제사장과 남자아이들만 참여할 수 있었다. 누룩을 넣어서는 안 되고, 먹는 장소는 회막의 거룩한 곳이었다. 화목제물의 경우, 제사장뿐만 아니라 여자들까지도 한자리에서 먹을 수 있었다(14-15절). 이것은 화목제가 하나님과 인간이 화목한 가운데 드려졌기 때문이다. 유교병까지 넣는 것은(7:13) 언약의 땅 가나안에 오시는 메시아 예수님의 골고다 십자가의 피로 인간의 모든 죄가 사함 될 때는 하나님과 인간의 화목, 인간과 인간의 화평, 심지어 우주 만물이 그리스도로 말미암아 통일되기 때문이다(롬 5:6-11, 엡 1:10, 20-23, 골 1:15-20).

하나님께서 특별히 제사장에게 분복을 주시는 것은 그들의 생계는 오직 성막에서 제사 드리고 나오는 성물밖에 없기 때문이다. 소제물은 제사장이 집에 가져가 오래 보관할 수 있지만, 짐승의 고기는 냉장고도 없는 그 시대에 오래 보관할 수 없기 때문에 고기가 제일 많아 나오는 화목제사 때 모든 회중이 함께 참여하여 잔치한 것이다.

넷째, 모세의 제사장 책망(16~20절)

본문은 제사장의 몫으로 돌려지는 희생제물과 관련하여 아론의 두 아들 엘르아살과 이다말이 이스라엘 온 회중을 위하여 바친 속죄제 제물의 고기 중에서 그들의 몫으로 돌려진 것을 먹지 않고 모두 불살라 버린 것에 대한 모세의 책망이다(6:25-26). 여기서 속죄제는 아론을 대제사장, 네 아들을 제사장으로 위임받는 자리여서 성소 안으로 들어가지 않았기에 그 고기를 거룩한 곳에서 먹어야 했다. 이경우 제사장과 남자들이 그 고기를 먹음으로 제사장이 온 백성의 죄를 지고 하나님 앞에서 속죄시킨다는 영적 의미가 있다. 그런데 엘르아살과 이다말이 먹지 않았기 때문에 모세에게 꾸지람을 받은 것이다(16-18절).

책망을 들은 아론은 나답과 아비후가 속죄제와 번제를 드릴 때, 경건한 심령으로 드리지 못하고 하나님이 금하신 다른 불로 하려다 그 자리에서 즉사했는데 우리 역시 백성의 죄를 대신 지고 속죄하려는 마음으로 제물을 먹지 않고 불경건한 심령으로 제물을 먹었다면 어찌 되겠는가,(19절) 한다. 그 말을 들은 모세는 책망을 거두고 아론의 말을 좋게 여겼다(20절). 아론은 육신의 생각을 떠나 하나님의 진리 법도와 규례를 먼저 생각한 것이다. 나답과 아비후가 졸지에 죽었을 때 부모와 자식이라는 인륜만 생각했다면 분하고 억울했겠지만, 하나님을 원망하기 전에 아론은 나답과 아비후가 하나님 앞에 범죄한 것을 먼저 깨달은 것이다.

①성소의 금향단에 불을 지피는 것은 대제사장만 할 수 있는 신성한 일인데 두 아들은 그것을 월권했다. ②다른 불을 가져다 성소를 밝히는 것은 성막 법규의 질서를 깨뜨리는 것이다. ③더구나 술을 마시고 취한 상태로 성소의 임무를 감당하는 것은 용납할 수 없다는 것을 아론은 지적한 것이다. 이렇게 제3계명인 신성 모독죄(Blasphemy)로 하나님의 진노와 형벌을 받은 나답과 아비후가 즉사했는데 대제사장의 중책을 맡은 아론은 사적인 감정으로 하나님을 원망할 수 없어 아예 입을 다물었던 것이다(3절).

◈ 제사장 나답과 아비후의 교훈 ◈

하나님께서 성경을 기록하신 목적은 두 가지다. ①예수님을 하나님의 아들과 구주로 믿어 구원받게 하시며 ②성경의 교훈대로 온전한 사람이 되게 하기 위해서다(요 20:31, 딤후 3:16-17). 아론의 두 아들 나답과 아비후는 히브리 민족의 초대 제사장이다. 제사장은 하나님과 사람 사이의 중보자로 하나님 앞에서나 사람에게도 모범이 되어야 한다. 그런데 제사장으로 임직된 지 얼마 되지도 않아 성화 대신 다른 불을 사용하다 하나님의 징벌을 받고 그 자리에서 즉사한 것은 목회자에게 큰 경종이 된다. 제사장 나답과 아비후의 교훈은 무엇인가?

1. 신성적 신본주의 교훈이다.

사역자는 다른 사람의 말도 귀 기울여 듣는 데 익숙해야 한다. 나아가 하나님의 계명과 예언자·사도들이 목숨을 걸고 증거한 예수님의 구속사는 목회자들이 절대적으로 선포할 복음 진리이다. 나답과 아비후의 죽음은 신성적 신본주의 계명을 어기고 인본적 자율주의 행동에 있었다. 성소 향단의 불은 반드시 번제단의 불로 붙여야 한다(16:11-13, 민 16:46). 그래야 성막의 존엄과 생명력이 유지된다. 번제단의 불은 성령님의 역사로 인한 예수님의 구속사다. 교회는 성령의 역사로 인한 예수 그리스도 보혈의 구속사가 항상 불붙어 있어야 한다. 그래야 교회의 생명력이 유지된다.

나답과 아비후는 성소 향단의 불은 오직 번제단에서 타오르는 그 불로만 옮겨 붙여야 한다는 것을 알고 있었다(출 30:1-10). 그런데 나답과 아비후는 놋 제단의 불 대신 다른 불, 거룩하지 못한 불, 이상한 불을 가지고 와서 성소의 향단에 붙였던 것이다.

이 같은 행위는 신성적 신본주의를 이탈하여 인본적 자유주의와 세속주의로 가버린 것이다. 만약 하나님께서 나답과 아비후를 그냥 두었다면 어찌 되겠는가. 이스라엘의 여호와 종교는 그 당시 만연했던 바알과 아스다롯, 그모스와 다곤의 인신 제사와 같이 되고 말았을 것이다. 우리 사역자들이 성령의 불 대신 다른 불, 예수님의 십자가와 부활의 구속사 대신 다원론적 혼합주의 정신을 교회에 불붙이려고 한다면 어찌 되겠는가. 예수님 없는 인본적 자유주의가 되고 만다. 지금 한국교회는 나답과 아비후의 다른 불을 예수님의 교회에 붙이려는 큰 위기에 있다.

2. 유일신론 정통주의 교훈이다.

나답과 아비후가 성소에 들고 가는 향로는 순금향로(출 30:1-6)로 오직 대제사장만 들고 가야 한다(출 30:7-10). 그런데 나답과 아비후는 대제사장의 허락도 받지 않고 자기 마음대로 성소에 들어갔다. 이는 정통주의를 배반하는 월권이다. 대제사장 아론을 월권하려던 레위지파 사람 250명은 여호와의 불로 죽었다(민 16:12-35). 나답과 아비후 또한 제단불로 죽었다(10:2).

교회는 예수님께서 머리가 되시고 주인이 되신다. 금 향로를 가지고 자기 제단에 생명불을 붙이는 자도 오직 그리스도 한 분뿐이시다. 그런데 다원론 혼합주의는 하나님의 교회에 다른 교리, 다른 신을 담은 향로를 가지고 와서 다른 불을 붙이려고 한다. 이는 유일 신 정통주의 교리를 무너뜨리려는 석가모니 향로, 공자 향로, 마리아 향로일 뿐이다. 교회의 생명력은 오직 예수님이 들고 가시는 구속사 정통 신앙의 향로에만 있다. 그 향로에 번제단의 불, 성령님 계시의 불이 붙여질 때 예수님의 교회는 살아서 존속된다.

3. 영적 사명의 교훈이다.

제사에 종사하던 두 아들을 잃은 아론은 극도의 슬픔과 절망에 빠지고, 하나님을 원망할 수도 있었지만 일언반구도 없이 깊이 자숙하며 침묵한다. 이는 하나님의 절대 진리의 계명을 바로 인식했고 그 진리를 따르지 못한 아들을 침묵으로 꾸짖는 것이다. 그리고 모세의 책망을 듣고 답변하는데서 그의 신앙이 육적 혈통을 넘어 영적 사명의 진리에 이른 것을 감지할 수 있다(10:3, 9절). 사역자들은 육과 영 사이에서 어떤 것이 우선이고, 위급한 상황에서도 무엇을 어떻게 할 것인지 기도하면서 바르게 정할 수 있어야 한다.

4. 신앙 행위의 절대적 교훈이다.

모세와 아론의 가문은 레위 지파 중에서 제사장 자리에 있는 최상

급 가문이다. 그렇다면 자랑과 권세의 영광보다 이스라엘의 영과 육을 양어깨에 짊어진 막중한 자리인 것을 먼저 인식해야 한다. 나답과 아비후가 조금이라도 작은아버지 모세와 부친 아론을 학습했더라면 더욱 조신하게 행동했을 것인데 제사장 가문이 된 것을 어떤 권세로 착각하고 절제하지 못해서 탕아적 제사장이 된 것이다.

세상의 자리는 그렇다고 해도 교회, 교단의 총무나 총회장을 어떤 권세있는 자리로 착각하여 교만하고 거들먹거리는 것을 보면 아직도 한국교회에 제2의 홉니와 비느하스, 나답과 아비후가 존재한다는 생각에 씁쓸할 뿐이다. 젊어서는 겸손하고, 경건하고, 목양 일념으로 소위 성공한 목회자도 은퇴 시기만 되면 나태하고, 영적 방종에 빠지고, 무엇보다 퇴직금 문제로 교회와 다투는 것을 보게 된다. 많은 사역자가 황혼에 이르러 세간의 눈살을 찌푸리게 하고, 후배 목회자들의 구설에 올라 손가락질 대상이 되는 것을 보면 사도 바울 노년기의 좌우명을 떠올리게 된다. "내가 내 몸을 쳐 복종하게 함은 내가 남에게 전파한 후에 자신이 도리어 버림을 당할까 두려워함이로다"(고전 9:27).

제 11강 정결한 짐승과 부정한 짐승

본문 : 레위기 11장, 신명기 14:3~21, 사도행전 15:12~29

레위기 1-16장은 제사 법전으로 ①1-7장은 제사법 ②8-10장은 제사장법 ③11-15장은 결례법이다. 결례법 11장에는 정결한 짐승과 부정한 짐승이 나오고, 12장은 산모의 출산, 13-14장은 나병 환자, 15장은 여인의 유출병, 그리고 16장은 대 속죄일 규례가 기록되어 있다. 특히 11장에서 정한 짐승은 사람이 먹을 수 있으나 부정한 짐승은 먹을 수 없는 것으로 이것의 사체가 사람에게 닿으면 어찌해야 하는가, 하는 정결의 규례이다.

신약시대 갈라디아, 고린도 교회도 상당한 음식 문제가 있었으나 구약시대와 비교하면 큰 문제는 아니었다. 구약시대는 음식을 먹고 마시는 문제, 짐승의 사체가 사람의 몸이나 그릇에 닿는 것은 큰 문제였다. 정하고 부정한 짐승의 문제뿐만 아니라 고칠 수 없는 병, 전염이 강한 질병에 병든 자는 건강한 가족과의 관계를 어떻게 해야 할 것인가, 등 가족 운명에 관한 문제였다.

정결한 짐승과 부정한 짐승은 노아의 방주에서 구별되었다(창 7:2). 그 시대에 이미 정결한 짐승과 부정한 짐승은 나누어져 있었다(창 8:20). 그러다 모세 시대에는 정결한 짐승과 부정한 짐승은 식용으로 구별되어 부정한 짐승은 식용에서 제외되었다.

첫째, 짐승의 정결과 부정의 규정(1~8절)

레위기 11장과 신명기 14장에 짐승의 정결과 부정이 위생학적, 영양학적, 문화적, 종교적 교리 문제로 대두되었지만, 모세시대 이스라엘 백성에게 하나님께서 지정하여 주신대로 정결한 짐승과 부정한 짐승이 결정되었다.

(1) 발굽이 갈라져 쪽발이 되고, 새김질하는 짐승은 정결하여 식용으로 사용할 수 있었다. 소, 양, 염소, 사슴 등이다.

(2) 새김질은 하나 굽이 갈라지지 않은 낙타, 사반, 토끼와 굽은 갈라졌으나 새김질하지 못하는 돼지는 부정하여 식용으로 사용하지 못했다. 부정하고 정결한 짐승이 이 시대 그리스도인에게 주는 영적 교훈과 구속사는 무엇인가? 다만 유추할 뿐이다.

(1) 발굽이 갈라진 것은 그리스도인의 신앙과 생활은 세상과 달라야 한다는 것이다. 함께 살 수는 있으나 생활은 달라야 한다(신 7:3-11, 고후 6:14-18, 롬 12:1-2).

(2) 새김질하는 것은 하나님 말씀의 묵상이다. 지키며 행하기 위하여 항상 숙고해야 한다(행 17:11-12, 20:7-12, 벧후 1:19-21).

(3) 하나님이 금지한 짐승은 위생적으로 더럽고 불결하다. 이 동물

의 고기는 단백질이 많아서 비만, 고혈압, 당뇨를 가져온다.

(4) 이방신에게 바쳐진 것이다. 고대 가나안은 돼지가 신에게 드리는 제물이었다(사 65:4, 66:3). 구약은 돼지고기를 철저하게 금했다(사 66:4, 17, 벧후 2:22).

수리아의 안디오커스 에피파네스는 유대를 침략하여 예루살렘 성전에 모든 성물을 다 치우고, 돼지머리를 제단에 놓고 그 피를 마시게 하고 제사를 지냈다. 이때 마카비 형제들은 죽음을 불사하고 항전하여 원수를 퇴각시키고 성전을 회복했다(11mac 6:18, 19). 지금도 구약 전통을 고수하는 국가·종교에서는 부정한 짐승은 상대도 하지 않는다.

둘째, 물고기의 정결과 부정의 규례(9~12절)

지느러미와 비늘이 없는 물고기는 부정한 것이다. 그 이유는 하나님만 아신다. 그러나 인간의 이성이나 경험·상식, 유추가 가능한 영해, 구속사 신앙으로 알아본다.

(1) 지느러미와 비늘이 있는 고기는 진흙 속에서 살지 않고 항상 깨끗한 물에서 산다. 참 그리스도인은 더럽고 불결한 세상에서 살지 못한다. 물을 거슬러 올라가는 비늘과 지느러미가 있는 고기처럼 거룩하고 정결하게 산다(엡 4:29).

(2) 비늘이 있는 고기는 떠 있지만 없는 고기는 진흙 속에 묻혀 산다. 그리스도의 사람은 세속주의, 인본주의에 묻힌 자가 아니라 비록 몸은 땅에 있으나 마음은 항상 하늘나라를 그리워하며 세상에 떠 있다(골 3:1-4).

(3) 지느러미가 없는 물고기는 미끄러운 액체가 있어 잡을 수가 없다. 교회에 다니지만 믿음 안에 있는 자가 아니다. 세상의 요령과 형식에 빠져 산다. 또한 지느러미가 없는 고기는 몸통이 길다. 앞으로 나갈 때는 비틀거리며 몸을 흔든다. 뱀, 뱀장어, 미꾸라지, 바다의 갈치는 곧바로 가지 못한다. 참 그리스도인은 정도로 행한다. 어떤 고난이나 환란, 시험도 믿음으로 승리한다. 세상과 타협하지 않는 신앙으로 흔들림이 없다.

셋째, 새들의 정결과 부정의 규례(13~19절)

새들은 부정한 조류지만 기록되지 않은 조류가 오히려 더 정하다. 본 장에 기록된 새들은 ①사납고 거칠어 약한 새들의 피를 빨며 살점을 뜯고 고기를 삼킨다. ②나뭇가지나 공중을 날면서 먹이를 노리고 서로 싸우며 사체를 뜯어 먹는다. ③밤에도 자지 않고 다른 둥지의 약한 새를 잡아먹는다. 한마디로 맹금류다. 무자비하며 썩은 사체의 고기를 뜯는다. 이 조류는 고대세계에서 우상 숭배의 신으로 삼았다. 악한 자들은 그리스도인이라 할 수 없다. 행위가 없는 거짓 선지자다.

넷째, 파충류의 정결과 부정의 규례(20~47절)

대부분 곤충은 기어 다니며 다리가 많고 독이 있고 색깔도 징그럽다. 이스라엘 사람들은 이 같은 것들과 접촉하면 ①손과 발을 깨끗이 씻고 ②옷을 빨고 ③그릇에 닿았으면 그릇도 깨뜨려야 한다.

곤충에 이어 파충류가 나온다(29-47절). 하나님께서 우리 인간에게 지·정·의로 사물을 판단하고 분별할 수 있는 이성의 지각을 주셨기 때문에 어떤 사물에 대한 지식이나 경험이 없어도 곤충이나 파충류를 보면 먼저 느낌부터 다르다. 뱀이나 지네처럼 온몸이 털투성이거나 색깔이 요란하거나 다리가 수십 개 붙어 있으면 징그럽고 혐오감이 생긴다. 원죄로 이렇게 되었다. 레위기 11장, 신명기 14:3-21에 기록되어 있는 모든 짐승, 새, 물고기, 곤충, 파충류도 정결한 피조물은 보기도 좋다. 그러나 부정한 피조물은 생각만 해도 무섭고 잔인하고 징그럽고 혐오감이 든다. 그래서 레위기 11장은 특별한 성경 지식이 없어도 이성이 있는 사람이라면 이것이 정한 것인지 부정한 것인지 느낌만으로 어느 정도 알 수 있다.

어찌 이성 없는 피조물뿐이겠는가. 하나님의 형상과 모양으로 창조된 우리 인간도 아담의 부정과 타락으로 원래 가졌던 선과 의를 잃어버렸다. 원죄로 남은 것은 허물과 죄뿐이다. 이 같은 원죄로 타락한 인간을 보실 때, 하나님께서는 어떤 생각이 드셨을까? 악하고, 더럽고, 추하고, 징그럽고, 끔찍한 혐오감으로 몸서리치지 않으셨을까? 그런 인간 중에서 예수 그리스도의 골고다 십자가의 피로 죄를 용서받고 거듭났다면(고후 5:1-17) 새로운 피조물이 된 그리스도인은 정한 피조물이다.

하나님께서 선민 이스라엘을 향해 말씀하셨다. 어떤 피조물이라도 부정한 것은 만지지 말라(8, 26, 31, 39절). 먹지도 말라(4, 8, 11절). 이는 부정한 것이다(5, 7, 24절). 가증스럽다(10, 11절). 그러므로 그것들을 어찌해야 하는가? ①만졌으면 물로 손과 발을 씻고 닦아야 한다(14:8, 15:5-7, 16:4). ②주검에 닿았으면 그 옷을 빨아야 한다(25, 40절). ③그릇에 닿았으면 씻거나 깨뜨리라고 하신다(33, 35절).

어찌 다른 피조물만 가리키는 말씀이랴. 하나님께서 우리 인간을 보실 때 정하고 부정한 것이 반드시 있다. 먹지 못할 정도로 부정하고, 가증하고, 악하고, 혐오스런 인간이 있다. 아직 주 예수 그리스도 골고다 십자가의 피로 구속되지 못한 인간들이다. 그러나 창세전, 예정 가운데 선택되어 그리스도 구속의 성도가 되었다면 이는 하나님 앞에서 정결한 사람으로 인정을 받아야 한다. 그리스도인이 하나님 앞에서 정결한 사람이 되려면 말씀대로 해야 한다.

①사악하고 가증한 것을 멀리해야 한다. ②만지지도 말고, 사귀지도 말고, 단절해야 한다. ③날마다 하나님 앞에 정한 그릇이 되도록 노력해야 한다(롬 12:1-2, 딤후 2:19-21).

제 12강 출산의 정결 규례

본문 : 레위기 12장

본문은 해산한 산모에 대한 정결 규례이다. 여인이 자녀를 출산하면 한 주간 동안 부정한 상태가 된다(1-5절). 그러므로 하나님 앞에서 정결 예식을 행한 후에 산모도, 아기도 정결하게 된다(6-8절). 이는 하나님의 창조 원리에 반하는 상황이다. 하나님께서 예수 그리스도의 형상과 모양을 닮은 인간을 창조하시면서(창 1:26-27, 롬 8:29, 고후 4:4, 골 1:15) 생육하고 번성하여, 땅에 충만 하라(창 1:28)고 복을 주셨다. 그렇다면 산모가 축복을 받으면서 아기를 낳았는데 왜 부정한가? 이는 사탄으로 인해 인간이 타락하여 하나님과 원수가 되었기 때문이다(엡 2:1-3, 11-18절). 첫 사람 아담의 원죄가 인간 속에 들어와 사망에 이르렀기 때문이다(창 3:1-8, 17-19절). 그러므로 한 사람 더 늘어날수록 하나님과 원수 되는 사람이 늘어나는 것이다(빌 3:18). 그래서 죄인인 산모의 출산에서 흘리는 피는 부정한 것이다.

하나님의 어린양 예수님도 동정녀의 몸에서 갓난아기로 성탄하셨다. 온 인류의 죄를 대신하시기 위해 오셨기 때문에 산후 부정함을 정결 예식을 시행하심으로 율법을 완성하셨다. 그래서 예수님의 부모는 모세의 규정대로(레 12장) 아기 예수를 데리고 예루살렘 성전에 올라가서 집비둘기 두 마리로 정결 예식을 행하였다(눅 2:21-24).

첫째, 산모의 부정 기간(1~5절)

아기를 낳은 산모의 부정 기간은 남자 아기와 여자 아기가 다르다. 남자 아기를 낳았을 때, 부모 외에는 누구도 접촉해서는 안 되며, 7일이 지나고 제8일에 할례를 행해야 한다(창 17:12-14, 눅 2:21). 그 후에도 33일동안 성전에 나가지 못했다. 총 40일 동안 부정한 것이다(4절).

여자 아기는 산모가 타인과 접촉할 수 없는 기간이 남자 아기 보다 두 배나 되었는데 그 이유는 ①인류의 구세주 예수님이 오셔서 인간에 대해 속죄하시기까지 하나님의 절대명령으로 우리는 다만 그 말씀에 순종할 뿐이다. ②유추할 수 있는 것은 하와가 먼저 타락했고, 아담까지도 타락하게 했으므로 원죄의 책임은(창 3:6) 아담보다 하와가 더 크다. 이는 여자가 남자보다 더 부정한 것을 가리킨다(딤전 2:9-15, 벧전 3:1-6). ③남자 아기는 8일 만에 할례를 받음으로 정결하게 되지만 여자 아기는 할례가 없기 때문이다(창 17:10-14).

그러나 레위기 12장 산모의 정결 규례는 불문율이 아니다. 그리스도께서 오시면 온전한 진리 복음 안에서 모든 죄인이 새롭게 변하게 된다(마 5:17-18). 그러므로 구약의 정결 규례는 한시적인 생활 규례이다. 신약시대는 예수님의 피로 속죄되고, 복음 진리의 법으로 완전하게 되어, 남자와 여자의 차별 없이 거룩하게 되었다. 하나님의 자녀로 한 성도가 된 것이다. 골고다 십자가 구속의 피로 율법 안에서 부정한 남녀는 이제 거룩한 자들이 된 것이다.

둘째, 출산의 결례법(6~8절)

이는 번제와 속죄제다(6절). 번제 예물은 경제적 형편에 따라 1년 된 어린 양(6절)이나 비둘기 두 마리(8절), 속죄제 제물은 산비둘기나 집비둘기를 드려야 했다(6절). 부유한 가정은 번제를 드릴 때 황소나 숫양으로(1:1-3), 속죄제는 수송아지를 드려야 했다(4:1-3). 인자하신 하나님께서 산모가 아기를 낳아 기르려면 양육비가 많이 들어가는 것을 아신다. 그래서 하나님은 가난한 자, 남녀 아기를 막론하고 1년 된 어린양으로 하고, 그것도 없는 가정은 새끼 비둘기 두 마리를 드리라고 하신 것이다.

가난한 목수 요셉도 비둘기로 드렸다. 예수님 육신의 가정은 식구도 많았고 가난했다(마 13:55-56). 부친이 세상을 떠난 후, 많은 식구의 생계를 예수님이 도맡아 30년 동안 일하셨다. 예수님 자신이 가난하게 사셨기 때문에 예수님은 누구보다 가난하고 굶주린 자들의 형편을 잘 아셨다(마 9:36-38, 14:14-16, 15:32). 가난하고 헐벗은 어린아이들을 품에 안고 머리에 손을 얹어 일일이 안수해 주셨다(마 19:13,14).

제 13강 나병의 결례법

본문 : 레위기 13~14장, 민수기 12:9~16

레위기 11-15장은 이스라엘의 결례법(정결 규례)이다. 11장은 정결한 짐승과 부정한 짐승의 정결 규례이고, 12장은 산모의 정결 규례이다. 13장은 나병의 진단, 14장은 나병에 대한 결례이다. 내용은, ①육체적 나병(13:1-46) ②의복의 나병(13:47-59) ③나병의 결례법(14:1-32) ④가옥의 나병(14:33-53) ⑤나병의 결론(14:54-57)이다. 고대 사회는 의학 기술이 낮아 나병에 대한 전문적인 진찰을 할 수 없어 대부분 피부병을 문둥병으로 오진하는 경우가 많았다. 레위기 13-14장에 기록된 나병의 진단은 제사장이 율법의 틀 안에서 진단하였으므로 사실상 나병이라기보다 오히려 악성 피부병이라 할 수 있다.

나병의 발생 초기에는 신체 한 부분에 작은 반점이 생기고, 감각이 둔해지면서 신경이 마비된다. 신경 조직의 영향으로 살이 곪아 떨어지고, 힘줄은 갈고리같이 오그라진다. 상처 부위는 썩고 고름으로 악취가 난다. 눈썹은 빠지고, 눈은 어그러지고, 성대는 거칠게 떨리는 소리를 낸다. 이런 종류의 나병은 평균 9년이다. ①자기도 모르게 3년 ②자기가 알게 3년 ③남이 알게 3년, 9년정도 되면 누구나 다 알 수 있도록 얼굴 모양이 완전히 변형된다. 나병의 수명은 짧게는 10년, 길게는 20-30년 정도 간다. 진행 속도에 따라 수명의 차이도 생긴다.

나병은 모든 병 가운데 가장 무서운 것으로, 옛날에는 어느 나라든지 천운병(天運病 · leprosy)이었다. 하늘의 저주라고 했다. 이 병은 무섭고 혐오스럽다. ①몸이 썩어 문드러진다. ②다른 사람에게 전염된다. ③낫지 못하고 결국 죽는다. ④문둥병으로 진단되면 모든 희망은 물거품이 된다. ⑤성한 사람으로부터 격리되고 혼자 생애를 마감한다(13:46).

로마 가톨릭에서 나병에 걸린 사람은 사제의 법의(法意)를 거쳐서 한 손에 십자가를 들고, 성당에 들어가 성모 숭경을 암송하였다. 그에게 장례식 문을 낭독하면서 검정 가운으로 얼굴과 상체를 감싸고 비밀스러운 장소로 데리고 간다(Barclay).

유대교는 나병 환자들만 격리하는 장소가 있었다. 혼자 다니면 돌을 던져 죽였으므로 문둥병자들은 모여서 함께 다녔다(눅 17:11-19). 한두 사람이 자기 옷을 찢고 머리를 풀고 윗입술을 가리고 "부정하다, 부정하다"고 외쳐서 성한 사람이 접근하지 못하도록 했다(13:45). 나병환자는 적어도 성한 사람과 50~100보 이상 떨어져야 했는데 병균은 햇볕에서 단 5초 만에 죽고, 상처난 살갗으로 병균이 전염된다. 그러나 성한 사람은 전혀 병균이 전염되지 않는다고 한다.

구약시대 나병은 가장 두렵고 전염성이 강한 병이었으나 현대 의학 기술로 나병은 완치가 가능해졌다. 다음 세 가지로 나눌 수 있다.

첫째, 피부에 나타난 각종 나병 증세(1~23절)

본문에 나타난 나병의 증세로 ①피부의 색 점(1-8절) ②백반의 증세(9-12절) ③종기의 증세(18-23절)이다. 이는 나병 즉, 피부병을 전문의가 검진하는 것이 아니라 제사장이 진단하는 것으로 오진도 많이 생긴다고 볼 수 있다.

왜 제사장이 진단했는가? ①나병은 사람이 고칠 수 없는 병이고, 하늘이 저주하여 내린 병이라고 했다. 그래서 제사장에게 맡겨진 것이다. 저주를 해결할 자는 제사장 외에 없기 때문이다. ②나병은 이스라엘에서 죄악의 상징으로 여겼다. 죄에 대해 속죄하여 제사 드릴 사람은 제사장이다. 그래서 제사장에게 맡긴 것이다. ③의학적인 문제로 보지 않고, 종교적 안목에서 생각했기 때문에 나병을 제사장에게 진단하게 하여 그 결과를 판정하도록 한 것이다. ②③은 성경적으로 보면 일리는 있다. 하나님의 창조 원리에서 볼 때 인간의 모든 불행은 원죄 이후에 오게 되었다(창 3:17-19). 병도 그중의 하나이다. 예수님도 그렇게 보셨고(요 5:14), 나병 환자를 고쳐 주셨다. "네 몸을 제사장에게 보이고 예물을 드리라"(마 8:4, 눅 17:14).

하지만 모든 병이 다 그런 것은 아니다(요 9:1-3). 때로 죄와 관련지어 보시기도 하셨다. 소경, 중풍 병자(막 2:5, 9절), 죄의 문제로 보셨다. 그래서 레위기 13장과 민수기 12장에 기록된 모세 율법에 따라 예수님께서 나병을 완전케 치유하신 표적으로 제사장에게 보이라고 하셨다. 이것은 예수님께서 아론 계통의 제사장을 인정하신 것을 의미한다. 또한 예수님으로 말미암아 나병이 완쾌되어, 모세 율법에 따라 제사장에게 보이도록 하신 것은 예수님만이 구약 대제사장의 모형이심을 증거하신 것이다. 그리스도만이 사람의 죄를 사해 주시는 제1의 보혜사이며, 제2의 하나님이신 것이 증명된 것이다. 성령 하나님도 레위기 11-15장에 있는 모든 결례법을 신명기 14장과 함께 모세가 기록하도록 하셨다.

이 세상·온 인류가 부정하다(레 11장). 출생하는 인간 자체가 부정하다(레 12장). 나병 환자의 죄악이 부정하다(레 13~14장). 유출병의 피가 부정하다(레 15장). 인간 세상의 그 어떤 것으로도 정결하게 할 수 없고, 거룩하게 할 수 없고, 신령하게 할 수 없다. 그렇기 때문에 오직 아론 계통의 대제사장, 제사장이시고 멜기세덱의 반차를 따르는 유다 지파(히 7:11-28) 예수 그리스도를 하나님이 골고다 십자가 제단에 세워 그 보배 피로 모든 정결함을 이루시게 한 것이다. 레위기 11-15장과 신명기 14장 정결 규례의 답은 오직 예수님께만 있다.

둘째, 기타 신체에 드러난 나병 증세(24~46절)

여기에는 4가지 나병 증세가 나온다. ①화상에 의한 증세(24-28절) ②머리, 수염에 나타난 증세(29-37절) ③어루러기 증세(38-39절) ④대머리에 생긴 붉은 점이다(40-46절). 현대의학으로는 일반적인 진단이지만 고대시대 나병은 무서운 질병이었다. 제사장의 진단으로 몸에 돋아나고 생겨난 나병은 무엇인가?

(1) 그동안 감추어졌던 인간의 죄가 나병처럼 드러나는 경우는 다반사다. 분노, 사악, 음란, 사치, 허영, 오만, 거만, 교만, 미움, 복수심,

거짓말, 탐욕 등 실로 인간의 마음속은 죄악의 커다란 항아리다.

(2) 우리 속에 숨겨진 사악함이 선한 길을 막는 경우도 많다. 사도 바울도 탄식했다. "오호라 나는 곤고한 사람이로다 이 사망의 몸에서 누가 나를 건져내랴"(롬 7:24) 그러므로 우리는 날마다 내 죄를 부둥켜안고 예수님의 십자가 곁으로 가까이 가서 통회·자복하는 회개 기도가 터져야 한다. 그리하면 예수 그리스도 골고다 십자가의 물이 터져 나와 내 죄를 씻겨 주시고, 내 육과 영을 거룩하고 정결하게 하실 것이다(히 1:3, 9:13, 14, 22절).

셋째, 의복에 발생한 나병의 증세(47~59절)

나병의 증세가 사람의 신체뿐만 아니라 심지어 입고 있는 의복과 가죽에 푸른색, 붉은색점이 발생하면 그것을 제사장에게 가져가 7일 동안 진단하고 살펴봐야 한다. 그래서 그 색점이 퍼져 있으면 모두 불살라버렸다(47-52절). 그러나 7일이 지나도 그 색점이 퍼지지 않고 사그라지면 그 부분만 도려내고 나머지는 빨아서 사용했다(53-59절). 몇 가지 신령한 뜻을 알게 된다.

(1) 어떤 것이라도 나병과 같은 범죄를 가져오는 것이 있다면 그리스도인은 그것을 과감하게 불태우거나 바르게 사용하도록 노력해야 한다(유 1:23).

(2) 사람은 마땅히 죄악을 단호하게 끊어 버리는 결단이 있어야 한다. 어찌 의복에 나병균이 발생하여 육체에 침범하도록 그냥 두나, 아무리 소중한 것이라도 죄가 될 때는 그것을 끊어 버려야 한다.

(3) 사람은 환경을 의지하고 살 수 없는 연약한 존재이다. 사람들은 종종 자기의 환경을 의지하면서 안심한다. 그러나 환경은 천재지변으로 큰 환난에 빠질 수 있다. 그러므로 오직 우리가 의지하고 믿고 살 수 있는 분은 예수 그리스도 한 분뿐이다. 믿음의 거장 히스기야도 하나님보다 금은보화를 자랑하다가 하나님의 징계를 받았다(사 39장). 이렇듯 나병균이 의복이나 심지어 가죽까지 스며들어 있다는 것은 온 세상이 나병으로 가득 차 있음을 가리킨다. 내게 있는 나병과 같은 죄악을 진리 복음으로 불태워 버려야 한다.

제 14강 유출병의 결례법

본문 : 레위기 15장, 민수기 5:1∼4

레위기 13∼14장은 나병에 관한 정결 규례법이고, 15장은 유출병의 결례법이다. '유출병(זוֹב · 자부 · a discharge)'은 '주브(זוּב · 흐르다, 분출하다, 방출하다)'의 분사형으로, '계속 흘러나오고 있는' 것, 즉 진행 상태를 말한다.

유출병은 신약 성경의 '혈루증'(막 5:25, 29절)과 방불하다. 특별히 유출병은 성기에 생기는 질병으로 성기가 약하거나 병이 생겨 피, 고름, 또는 정액이 계속 흘러나오는 것이다. 이 병은, ①임질(淋疾 · Gonorrhea) ②매독(梅毒 · Syphilis virus) ③요도염(尿道炎 · Neisseria gonorrhea)이다. 레위기 15장은 임질을 가리키는 것으로 음란과 음행으로 생긴 성병이다(잠 5:15-23, 7:6-27).

이 같은 유출병은 3가지로, ①남자의 유출병(1-18절) ②여자의 유출병(19-30절) ③유출병의 경고(31-33절)이다. 남녀 간 유출병은 과도하고 문란한 성생활로 생긴다.

첫째, 남자의 유출병(1∼18절)

나병의 진단을 제사장에게 맡겼다면 레위기 15장의 유출병도 의학적으로 처리할 것이 아니라 이 역시 제사장에게 맡겨 취급하게 하셨다.

(1) 하나님께서 인간에게 주신 성(性)은 아름답고 고귀한 것이다. "생육하고 번성하여 땅에 충만하라"(창 1:28). "젊은 자의 자식은 장사의 수중의 화살 같으니 이것이 그의 화살통에 가득한 자는 복되도다"(시 127:4, 5). 성은 축복이다. 그러나 성욕에 사로잡혀 문란한 것은 범죄다. 바로 그 범죄를 제사장이 하나님의 원뜻에 따라 적절히 다루라는 엄명이다.

(2) 올바른 성생활은 남녀 간 생활에 즐거움과 활력을 더하여 준다. 하나님께서 주신 선물이다. 그러나 그릇되고 문란한 성생활은 육체는 물론이고 영혼도 파괴하는 큰 불행이다. 고대 소돔과 고모라는 기이하고 음란한 성생활로 하나님의 심판을 받고 멸망했다(창 19장).

(3) 성적 타락과 부패는 그 죄의 결과로 성병을 비롯한 사회·윤리 질서에도 치명적 영향을 끼쳐 결국 소돔과 고모라 성처럼 비참한 최후를 맞게 된다. 그래서 국가의 도덕적 함양에 막대한 책임을 져야 하는 제사장에게 남성의 유출병 문제를 맡긴 것이다.

(4) 사람의 성은 남성이 더 적극적이다. 자기 씨의 본질을 세상에 남기려는 수컷의 공통적인 증상이다. 그러나 여성은 남성보다 방어적이고 수동적이다. 그렇기 때문에 하나님은 제사장에게 남성의 부도덕한 유출병을 맡겼는지도 모른다.

남자의 유출병 정결 규례와 관련하여 레위기 15장에서 "그의 옷을 빨고 물로 몸을 씻을 것이며"라는 말씀이 무려 10회나 반복해서 나온다(5-13, 22, 27절). 이 말씀의 뜻은 비단 남자들의 육신적 성 결뿐만 아니라 영적으로 하나님 앞에서 거룩하라는 의미다. 왜냐하 면 인간의 의복이란 아담의 범죄와 타락으로 에덴동산에서부터 착용 했기 때문이다(창 3:21). 하나님께서 아담의 수치를 덮기 위해 가죽 옷을 지어 하체를 가린 것은 장차 둘째 아담으로 오실 그리스도께서 골고다 십자가에서 몸 찢고 피 흘려 인간의 모든 죄와 수치를 가려 주시는 예수님 의의 옷을(계 15:6, 19:8, 14절) 상징한다. 그래서 계 시록 7:14은 구원받은 성도들을 향해 "어린 양의 피에 그 옷을 씻어 희게 하였느니라"고 선포한다. 이는 유출병 같은 성적으로 타락한 남 자나 여자, 모두 그리스도 앞에 나와 자기 죄를 씻음으로 정결해져야 하는 의식을 가리킨다.

둘째, 여자의 유출병(19~30절)

이는 여자의 생리적인 유출병과(19-24절), 병리적인 유출이다 (25-30절). 생리적인 유출은 여자의 월경을 가리키고, 병리적인 유 출은 성병이다. 생리적인 경우에는 남자처럼 7일간 부정하고 결례를 하면 되고, 성병의 경우는 죄 사함의 제사를 드려야 했다. 여기서 남 녀 간의 성생활에서 발생하는 정수가 묻은 옷과 가죽은 물에 빨아 야 하고(17절) 남녀가 동침하여 설정하였거든 둘 다 온몸을 물로 씻 어야 한다(16, 18절). 병리적 유출은 죄로 간주하여 병을 치료한 후 에 부정한 몸을 씻어야 한다. 그리고 속죄하는 제사를 드려야 한다

(28-30절). 그러나 여자의 생리 현상을 부정한 것으로 취급하는 것은 의구심을 갖게 한다(19-24절). 왜 부정한 것인가?

(1) 피의 유출은 사람의 몸이 파괴되는 것이니 그것은 자신을 죽이는 것과 같다. "다른 사람의 피를 흘리면 그 사람의 피도 흘릴 것이라"(창 9:6)하여 피 흘린 자체를 죄로 간주하였다.

(2) 여자의 생리는 자식을 생산하는 노동과 관련이 있다(창 3:16, 딤전 2:15). 해산의 고통과 수고는 여자의 죗값이다. 죄 아래 출산하는 것이다.

(3) 만약 인간이 원죄도 자범죄도 없는 무죄한 의인의 태아라면 영적으로 큰 축복이지만 죄인으로 생리와 잉태하는 것은 또 하나의 죄를 더하는 것이다. 그러나 오직 예수 그리스도 십자가 보혈을 통해 의롭다함을 받고 구원받은(롬 10:9) 여인이 생리하는 것은 아담의 저주에서 벗어나 존귀한 자녀를 낳는 생명의 신호지만, 그리스도를 떠난 여자의 생리는 아담의 저주 아래 사망의 자식을 낳는 신호이다(창 3:19). 이것이 구속사로 보는 여인의 생리다.

셋째, 유출병의 결론(31~33절)

레위기 11~15장 정결 예식의 전체 결론이기도 하고, 유대 민족 사회의 남녀 간 유출병에 대한 정결 예식이다.

당시 유대 민족과 함께 존재했던 모든 민족과 국가들은 부국강병(富國强兵)에만 힘을 썼고, 성 윤리와 도덕 함양에는 수수방관(袖手傍觀)했다. 그 당시 강대국가들은 각 나라에서 밀고 들어오는 성 윤리의 부패와 타락으로 멸망을 가져왔다. 그 같은 부패와 타락 속에서 이스라엘은 하나님의 특별하신 계시인 정결 결례법에서 자신을 지키며 사회 윤리, 특히 성 윤리와 도덕을 제사장의 감시 안에서 지켜나갈 수 있었고, 그러므로 그 당시 모든 열국 가운데 최고 정결한 민족 · 국가가 될 수 있었다.

물론 고대 국가 사회에도 어느 정도 정치적 율법과 사회생활의 질서 규례법은 있었다. 바벨론 제국의 함무라비 법전은 모세 율법보다 500년 전에 있었다. 그러나 그 법전은 정치 · 사회 · 경제에 중점을 두는 제도였지 하나님께서 이스라엘에 주신 정결 결례법, 특히 사회공동체가 힘써야 할 도덕과 윤리의 경전과 성결과 거룩함에 관한 것은 아니었다. 레위기 11~15장의 정결과 부정의 규례와 성 윤리의 교훈은 이 세상 책 중에서 오직 성경에만 기록되었다. 이는 장차 언약의 땅 가나안에서 골고다 십자가의 피로 선민의 죄를 씻고, 거룩하고 성결한 하나님의 백성으로 영원한 구속사 왕국을 건설하는 것은 주 하나님과 메시아 예수님의 뜻이다.

제 15강 대 속죄일 제사 규례

본문 : 레위기 16장, 23:26~32, 민수기 29:7~11

레위기 1-16장은 제사 법전이다. ①제사법(1-7장) ②제사장법 (8-10장) ③결례법(11-15장) ④대 속죄일법(16장)으로 정해져 있다. 대제사장이 일년에 한 번 대 속죄일(성력 7월 10일)에 지성소에 들어 가는 그 날은 히브리 민족의 모든 제사의 총 결론이다. 하나님께서 개인적인 죄는 매일 성소에서 제사장으로 속죄시켜 주지만 이스라엘 선민의 총괄적인 모든 죄는 일 년에 단 하루, 대 속죄일에 대제사장 을 통해 지성소에서 용서받도록 하셨다. 대 속죄일은 유대교 신앙에 서 가장 중요한 의미를 가진 날로 이날만은 '그날(הַיּוֹם בַּיוֹם · 바욤 하 제 · for on that day KJV. 16:30)' 이라고 부른다.

대 속죄일에 대제사장은 지성소에 들어가 하나님을 알현하면서 백 성을 위한 속죄제를 드린다. 신약의 레위기라고 일컫는 히브리서는 대 속죄일을 예수님이 골고다 십자가에 못 박혀 죽으신 날로 정했다. 예수 그리스도는 전 세계 만민의 대제사장이 되신다. 예수님은 구약 대제사장의 실상으로 어떻게 단 한 번에 완전한 구속사를 성취하셨 는가, 히브리서는 낱낱이 증거하고 있다(히 5~13장).

그러나 레위기의 속죄일 제도는 극히 제한적인 성격이 있고, 예수 님의 대속 사역과 많은 차이점이 있다. ①대 속죄일 제도는 그리스도 대속의 예표로 불완전하기 때문에 매년 한 번씩 반복되어야 한다. 따라서 이 속죄일 규례는 예수님의 십자가 사건을 통해 완성하기까지 임시적이다(히 9:23-28). ②구약의 지성소에는 누구도 들어갈 수 없고, 대제사장만 일 년에 한 번 들어간다. 그러나 예수님으로 말미암아 성소의 휘장이 찢어진 후부터(마 27:51, 막 15:38, 눅 23:45) 누구든지 예수님을 그리스도로 영접하는 자는 하나님의 보좌 앞에 나갈 수 있게 되었다(히 10:19-25, 13:10-15). ③대속죄일은 이스라엘만 국한된 것이었으나 예수님의 대속 사역은 온 인류를 위한 영원한 것이었다(롬 10:9-13).

첫째, 대 속죄일 제도에 관한 규례(1~28절)

아론의 두 아들 나답과 아비후가 성소의 제단에서 불이 나와 죽은 것은 다른 불을 제단에 드렸기 때문이다. 날마다 제사장이 성소에 들어가는 것도 하나님 앞에서 정결하고 거룩하고 경건한 준비가 되어야 한다. 더구나 대제사장이 일 년에 한 번 들어가는 지성소인데 어찌 만반의 준비를 하지 않겠는가(1절).

(1) 성복의 준비다.

지성소에 들어가 제사를 집례할 때 입는 성의다. 먼저 성막에 들어가서 물두멍에 손발을 닦아야 한다. 번제와 속제 제물을 준비하고, 세마포로 단장한 옷을 입어야 한다(3-5절). 번제(1:1-7)와 속죄죄(4:1-35), 대제사장의 성복에 관해 말씀하셨다(출 28장).

(2) 자신을 위한 제사부터 드리라고 하셨다(11-14절).

대제사장 자신도 죄인이기 때문이다. 이는 오시는 실상의 대제사장 그리스도의 속죄피로 죄 씻는 것을 가리킨다(히 5:1-3, 7:26-28, 10:1-4, 10-14절). 우리의 대제사장 예수 그리스도는 죄가 없으신 하나님의 아들이시다(고후 5:21, 히 4:15, 벧전 2:22, 요일 3:5).

(3) 백성을 위한 속죄 제사이다.

지성소에 들어간 대제사장은 먼저 자기 죄부터 사죄받는 제사를 드렸고, 다음은 백성을 위한 속죄 제사를 드렸다(15-19, 24절).

(4) 아사셀의 염소를 광야로 보냈다(8, 10, 26절).

'아사셀(עֲזָאזֵל · 아자젤 · the scapegoat)'의 염소는 '아즈(עֵז · 에즈 · 염소)'와 '아잘(אָזַל · 가다, 떠나다, 가버리다)'의 합성어로 떠나는 염소이다. 아론은 살아있는 염소의 머리에 안수하여 이스라엘 자손의 모든 죄를 염소에게 뒤집어씌워 광야로 보내 죽게 하는 것이다(21-22절)

우리 주 예수님에게 유대인 제사장, 대제사장, 바리새인, 율법사들, 이스라엘 모든 공회원들의 죄를 뒤집어씌워 예루살렘 밖에서 죽이셨다(요 19:16-17, 히 13:10-12). 구약의 예언처럼(4:12, 21, 출 29:14, 33:7) 그리스도께서 예루살렘 밖의 골고다에서 못 박혀 죽으심으로 이방인의 구원까지 성취하신 것이다. 예수님께서는 한 마리 아사셀의 염소로 죽으신 것이다.

둘째, 하나님의 대 속죄일 준수 명령(29~34절)

하나님께서 성력 7월 10일을 유대 민족의 대 속죄일로 정하여 영원히 지키라고 하셨다(29-30절). 이는 그리스도께서 언약의 땅 가나안에 오셔서 골고다 십자가에 못 박혀 죽으심으로 인류 구원을 완성하실 때까지다. 구약의 대 속죄일은 예수 그리스도께서 십자가 구속으로 완성하셨다. 대 속죄일에는 안식과 금식, 회개를 통해 스스로 괴롭힐 것을 명령하셨는데(31절) 이는 구속사를 성취하신 예수님을 구원의 주로 믿고 천국 갈 자격자를 말씀하신 것이다.

대 속죄일에 제사장과 대제사장은 성복을 입고, 물두멍에 손과 발을 씻고, 놋 제단에서 자기 죄를 사함 받은 후에 백성들의 죄를 위하여 속죄 제사를 드렸다. 대제사장도 원죄를 입은 죄인이요, 아담의 죄로 세상의 모든 피조물이 타락했는데 무슨 방법으로 인간의 죄가 사함을 얻을 수 있겠는가. 이는 그리스도가 자기 땅에 오실 때까지 지성소도, 대제사장도 임시적이다. 인간의 완전한 대속의 구속사는 그리스도가 오셔서 골고다 십자가에서 몸 찢고 피 흘려 죽으심으로 이루어졌다(히 10:10-14).

◈ 대 속죄일과 그리스도의 대 속죄 ◈

만약 제사장이 성소에서 아침과 저녁에 드리는 상번제로 인간의 죄가 사하여진다면 일 년에 한 번 지성소에서 대제사장이 드려야 하는 대죄의 속죄함은 필요 없을 것이다. 만약 대제사장이 드리는 대속죄 제사가 온전한 죄 사함의 제사라면 그리스도께서 이 세상에 오시지 않아도 되었다. 그러나 성소의 제사장 제사로는 미완성의 불안한 속죄였기에 완전한 대속을 이루기 위해 지성소의 대제사장이 필요했다. 이 제사 또한 불완전한 제사였기에 예수님의 골고다 십자가 피의 구속사 제사가 필요했다. 이것이 레위기의 성소·지성소의 제사요, 신약의 제사 법전인 히브리서이다. 그렇다면 왜 인간의 속죄 제사가 불완전한 제사인가?

1. 원죄의 타락

하나님은 인간 창조의 근본부터 사람과 친교 하기를 원하셨다. ① 예수님의 형상과 모양으로 창조하셨다(창 1:26-27). ②창조하신 인간을 에덴동산에 두고 날마다 교제하셨다(창 2:8-15). 그리고 절대 명령의 행위 계약으로 선악과 언약을 세우셨다(창 2:17). 그러나 아담과 하와는 하나님보다 피조물을 더 사랑했다. 그뿐만 아니라 피조물의 절대 상징인 마귀를 추종했다(창 3:1-6). 우상숭배에 빠진 것이다. ③하나님과 원수가 되었다(엡 2:1-3, 골 1:21). ④피조물과 원수가 되었다(눅 4:6, 롬 8:19-22). ⑤하나님의 절대명령으로 육신은 사망에 이르렀고, 영혼은 무저갱 불 못에 던져지게 된 것이다. 그러니 어찌 아담의 원죄인이 된 제사장, 대제사장이 에덴동산에서 결별한 하나님과 인간 사이를 화목 시킨다고 할 수 있으랴. 어찌 짐승 따위가 하나님과 인간 사이를 교제시키겠는가? 인간의 영원한 사망으로 하나님과 무궁한 단절만 초래된 것이다.

2. 원죄의 결과

아담 타락의 결과는 ①사탄의 피조물계 침투, 인간 세계로의 잠입이다. 사탄은 자기 위치를 떠나 공중으로 떨어졌지만(엡 2:1-2, 벧후 2:4, 유 1:6) 갈 곳이 없었다. 아담은 사탄에게 패하여 하나님이 주신 피조 세계(창 1:28, 2:15)의 주권을 사탄에게 빼앗겼다(눅 4:6). 그때부터 온 우주 세계 특히 인간 세계는 사탄의 주 활동 무대가 된 것이다. 어찌 원죄로 타락한 제사장, 대제사장이 사탄의 죄를 막을 수 있겠는가?

②인간의 영·육간 영원한 사망은 창세기 2:17의 행위 계약대로(창 3:5) 결국 지옥에 가게 되었다.

③하나님과 원수가 된 것이다. 사탄과 하나님이 원수라면(벧후 2:4, 요일 3:8, 유 1:6, 계 12:7-9) 사탄과 함께하는 인간도 하나님과 원수가 된다(엡 2:1-3, 15, 16절). 하나님과 원수가 된 그때부터 하나님과는 단절되었고, 영원한 무저갱의 유황불 속에 던져지게 된

것이다(벧후 2:4, 계 20:13-15, 21:8).

④피조물의 인간에 대한 불복종 반역이다. 인간이 하나님께 불순종하여 타락하므로 하나님과 원수가 된 그 날부터 하나님이 창조하신 피조 세계도 인간과 원수가 되어 반역하고 대적하게 되었다(창 3:17-19). 천재지변, 만연한 병, 사람의 갈등, 전쟁은 모두 피조 세계가 사람에게 대적하고 반역한 결과이다.

3. 하나님과 인간의 화해

하나님과 인간의 화해는 하나님이 먼저 제안하신 무조건적 은혜와 사랑이다(요 3:16, 엡 2:12-18). 원죄로 타락하여 하나님과 원수 된 사람이지만 하나님께서 무죄의 세계로 돌이키기 위하여 하나님을 만날 수 있는 회막과 성소와 지성소를 마련하셨다. 예수님 대신 아론을 대제사장, 그의 아들을 제사장으로 세워 죄 사함의 5대 제사를 드리도록 하신 것이다. 그러나 짐승의 피로는 인간의 죄를 사할 수 없다. 이는 죄 사함을 주시는 그리스도의 모형일 뿐이다. 마침내 인간 범죄의 완전한 속죄를 위하여 독생자 예수 그리스도를 이 세상에 보내시고 골고다 십자가에서 몸 찢고 피 흘리신 그 보혈로 완전한 속죄를 이루셨다. 이스라엘의 대 속죄일은 예수님이 십자가에 못 박혀 죽으신 날의 예표이며 죽으신 곳은 예루살렘 성문 밖 골고다이다(히 13:10-13).

제 16강 제사의 성화

본문 : 레위기 17장, 신명기 12:5~6, 13~15, 21절

레위기의 전반부(1-16장)는 제사 법전, 후반부(17-27장)는 '성전'(聖典)이라 부른다(Kitermann). 신약의 서신들이 대체로 교리와 실천으로 나누어지는 것처럼 레위기도 하나님께 대한 제사 법전과 그 제사 법전을 실천하는 성전으로 나누어진다. "나 여호와 너희 하나님이 거룩하니 너희도 거룩하라"(19:2, 20:7, 26, 21:6, 15절)는 말씀이 반복되므로 '성전'(聖典 The code of holiness)이라 한다. 성전은 이스라엘 백성의 실천이며, 절대적 목적은 성화(聖化)되는 것이다. 성전의 내용은 ①국민 생활의 성화(17-20장) ②국민 제사의 성화(21-24장) ③국민 정치의 성화(25장) ④성화의 결론(26-27장)이다.

국민 생활의 성화는, 제사의 성화(17장), 가정의 성화(18장), 사회 생활의 성화(19장), 범법자의 처벌(20장)이다(이상근). 17장의 내용은, ①제물의 성화(1-9절) ②피의 금지(10-14절) ③죽은 짐승 금지(15-16절)이다.

첫째, 제물의 성화(1~9절)

현대 사회의 모든 고기는 도축장이나 농산물 집하장을 거쳐서 나온다. 그러나 고대 사회 가축의 고기는 신전에 바쳤던 제물이 많았

다(고전 10:19~20, 25절). 그렇기 때문에 시장에 있는 고기를 함부로 사다 먹을 수 없었던 것은 어느 것이 우상 신전에서 나온 제물인지 알 수 없었기 때문이다. 그래서 하나님께서는 이방 신전에서 나온 고기와 구별시키기 위하여 모세에게 가축(소, 양, 염소 등) 도살하는 방법을 말씀하셨다. 그 도축은 제사용이 아니다.

(1) 어떤 짐승이든지 먼저 회막 문으로 끌고 가서, 성막 앞에서 하나님께 화목 제물로 드린 후에 잡으라고 하셨다(3-5절).

(2) 제사장이 백성에게 내주는 고기만 먹으라고 하셨다.

(3) 번제나 화목제로 드리지 않은 고기는 우상 숭배한 이방인의 제물이기 때문에 사다 먹어서는 안 된다(8-9절). 날마다 이방 신전에서 나온 고기가 그들 사제의 승인을 받고 시장으로 쏟아져 나왔다.

(4) 어떤 짐승이든지 피는 회막 문 여호와의 제단에 뿌리거나 단 아래 쏟으라고 하셨다(6절). 하나님은 성막에서 나온 제물과 이방 신전의 제물을 철저히 분별시키려는 것이다. ①선민의 신앙 의식을 고취하려는 것이다(고후 6:14-18). ②선민의 의식주까지도 정결케 하려는 거룩함이다(고전 6:13-20). ③정결하지 않은 생활은 이방인과 다름없다. 귀신과 교제하는 자가 된다(고전 10:14, 19-22절). ④메시아 구속사의 백성으로 신령하게 하려는데 있다(고전 10:31, 딤전

4:3-5).

신약시대 성도들은 율법에 매여 있지 않고 복음 안에서 자유인이 되었다(갈 5:1). 그리스도인의 자유란? 이방 물질 문화의 타락에서 오는 방종이 아니라, 그리스도 안에서 구속받은 성도 생활의 교리와 신앙의 질서를 지켜가는 신령한 자유인이다. 그러므로 먹고 마시는 생활 문화나 의식(儀式 · ritualism)까지도 예수 그리스도를 닮는 경건과 거룩함이 되어야 한다(엡 4:17-24).

둘째, 피에 대한 금기(10~14절)

피의 금기는 창세 후 바로 시작된 계율이다. 아벨의 순교 피부터 시작되었다(창 4:10-12). 피는 생명이므로 억울한 자의 피는 하나님께 호소하면 하나님은 그대로 받으신다(창 4:10, 계 6:9-11). 노아가 방주에서 나올 때 하나님께서 "모든 산 동물은 너희의 먹을 것이 될지라 채소같이 내가 이것을 다 너희에게 주노라 그러나 고기를 그 생명 되는 피 째 먹지 말 것이니라"(창 9:3-4)고 엄히 금하셨다. 그 피가 레위기에 무려 85회나 나온다. "너희는 기름과 피를 먹지 말라"(3:17, 7:26-27, 17:10, 14절). 그 피는 회막 문 여호와의 제단에 뿌리고(6절), 나머지는 번제 단 밑에 쏟아 버리라고 하셨다. 무엇 때문에 하나님께서는 피를 먹지 말라고 하셨는가?

(1) 피는 사람과 짐승의 생명이기 때문이다(창 4:10, 9:4, 신 12:16, 23, 행 15:20, 29절). 피조물의 고기는 인간이 먹을 수 있

으나, 그것의 생명을 주관하실 자는 오직 하나님 한 분뿐이시다(시 104:11-30).

(2) 피는 속죄의 죽음을 나타낸다(11절, 히 9:22). 구약성경에서 정결한 피는 속죄의 제물로 오시는 메시아 예수님의 구속 사역을 예표한다. 예수 그리스도는 인간과 하나님 사이를 화목하게 하기 위하여 친히 골고다 십자가에서 못 박혀 죽으심으로 인류를 구원의 길로 인도하셨다(골 1:20). 그러므로 누구든지 주 예수 그리스도의 구원에 동참하려면 십자가의 피를 믿어 자기 죄를 다 씻고, 성령으로 거듭나야 한다(요 6:53-56. 롬 10:9-10, 13절).

(3) 피는 절대적인 계명이기 때문이다. 물론 구약에는 절대적 계명으로 금기된 식품이었지만 신약시대에는 그리스도 예수의 복음으로 정결하게 되어 자유로운 식물이 되었다.

신약 시대에 금기된 내용은, ①우상 신전에 들어가서 먹고 마시는 것과(고전 8:10) ②우상 제사의 음식이었다(고전 10:19-21).

제1차 예루살렘 사도들의 총회에서 정한 4가지 금기된 식물은 ①제물의 피 ②목매어 죽인 것 ③음행 ④우상의 더러운 제물(행 15:20, 29절)이었다. 신약의 성도들은 이것이 금기된 식물인 것을 알아야 한다. 예수 그리스도 안에서 거룩하고 경건한 성도라면 이뿐 아니라 레위기 11장, 신명기 14장에 기록된 혐오식품도 먹지 않아야 한다.

셋째, 동물의 사체 금기(15~16절)

레위기 17:1-9과 연결하여 10-14절을 해석하면, 죽은 동물의 사체는 피가 그대로 응고되기 때문에 금기된 것으로 생각할 수 있으나, 이미 레위기 11장의 말씀처럼 짐승의 사체는 바로 부패하기 때문에 금기된 것이다. 짐승의 사체를 만진 자는 물로 온몸을 씻고, 옷을 빨고, 그 사체가 그릇에 닿았으면 부정하므로 그릇을 깨뜨리라고 하셨다. 또한 알게 모르게 그 고기를 먹은 자는 그 옷을 빨고(11:40), 물로 몸을 씻으라고 하셨다(15절). 그렇게 하지 않으면 그가 죄를 담당하리라, 고 하신다(16절). 이는 선민 이스라엘의 정결과 거룩함을 바라시는 하나님의 결례법이다. 하나님께서는 바른 정통교리의 신앙을 실천하는 성도의 삶은 정결하고 거룩함으로 정진해야 할 것을 교훈하신다.

◈ 예수 그리스도의 피 ◈

하나님께서는 선민 이스라엘에 피를 먹지 말라고 하셨다. 이는 구약뿐만 아니라 신약 성경에서도 그렇게 하셨다(행 15:20, 29절). 왜 성경에서 금기하였는가? ①피는 생명의 구원이다(17:11, 14절). ②하나님의 전에 상달된다(창 4:10, 계 6:10-11). ③우상 숭배의 제물이다(사 66:3, 17절). ④희생과 속죄의 예표이다(출 12:7, 13절). 구약 시대 짐승의 피는 희생과 속죄, 정결과 순결을 의미했다. 이것은 장차 오실 예수님의 속죄를 예표한 것이다.

1. 그리스도의 피는 무죄하신 피다.

하나님께서 태초에 천지 만물을 창조하시면서 산천초목에는 수분을 주셨고, 모든 동물과 사람에게는 피를 주셨다. 무죄 시대에는 생명이 그 피에 있어 영생이 되었다(창 1:20, 22, 26, 28절). 그러나 아담의 타락으로 인간의 원죄가 물려졌고(창 2:17, 3:17-19) 인류 전체가 완전히 타락하게 되었다. 그 피는 생명을 떠나 사망에 이르게 되었다. 동물도 마찬가지다. 누구도 무궁한 사망에 이른 인간에게 무죄한 피를 주어 죽을 생명을 살릴 수 없었다(히 10:1-4). 왜냐하면 그것들의 피도 원죄로 인하여 사망에 이르렀기 때문이다(히 10:11-14).

그러나 우주 만물 가운데 하나님의 피, 그리스도의 피만 무죄하신 피다. 그분은 아담 원죄의 피가 아니라 하나님의 생명이기 때문이다. 예수님께서 여인의 모태만 빌려 성령으로 잉태하여 성탄 하신 것도 원죄의 죽은 피를 물려받지 않기 위해서다(마 1:18-23, 요일 3:5). 이제 모든 사람에게는 영생에 이를 생명의 피와 사망에 이를 영원한 저주의 피가 있다. 죽을 때까지 아담 원죄의 사망의 피에 그대로 머물러 영원한 무저갱의 유황불 속으로 떨어지든지, 아니면 무죄하신 그리스도 생명의 피로 영적 수혈을 받고 그리스도와 함께 영원한 생명에 이를 것인지.

2. 그리스도의 피는 속죄의 피다.

"생명이 피에 있으므로 피가 죄를 속하느니라"(17:11). "율법을 따라 거의 모든 물건이 피로써 정결하게 되나니 피 흘림이 없은즉 사함이 없느니라"(히 9:22). 피 만이 죄인에게 사함을 준다. 문제는 그 피가 누구의 피이며, 어떤 피인가? ①짐승의 피는 인간의 죄를 사할 수 없다. 짐승은 영혼이 없어 유죄와 무죄를 분별할 수 있는 이성적 지각이 없기 때문이다. ②죄를 지은 인간은 이미 원죄와 자범죄로 생명에서 떠나 사망에 이른 죽은 영혼이기 때문에 사람의 영혼을 구원시킬 수 없다. ③천사도 사람의 피를 바꿀 수 없다. 천사는 육체가 없기 때문이다.

오직 유월절 어린 양의 피가 출애굽 시대 선민 이스라엘을 구원하여 영생의 가나안 땅에 이르게 하신 것처럼(출 12:1-14, 고전 5:7,

히 11:28), 그리스도의 피만이 죽은 인간을 죄에서 속하여 구원시킬 수 있다. 그리스도의 피만이 살아계신 생명이며, 무죄하신 하나님이시기 때문이다(슥 9:11, 엡 1:7, 히 9:12, 벧전 1:18-19, 요일 1:7).

3. 그리스도의 피는 하나님 공의에 만족하신 피다.

이 세상 어떤 것으로도 하나님 공의의 진노를 거둘 수가 없다. 창세기 1, 2장에서 하나님의 천지 창조에 대한 기본적 청사진과 그것에 나타난 하나님의 영광은(창 1:31, 시 8:1-9, 19:1-6) 무엇으로도 형용할 수가 없다. 그러할 때, 창조 만물의 대리자로(창 1:28) 하나님과 친교 하며, 하나님 영광의 수종자가 되어야 할 아담이 하나님의 절대 계율인 행위언약을 어겼다(창 2:17). 하나님의 영원한 대적자 사단과 합세하여 금단의 열매를 따 먹고(창 3:1-6), 스스로 멸망의 저주를 자초한 것은(창 3:17-19) 하나님의 어떤 것으로도 용서할 수 없는 대죄이다. 하나님 진노의 대상이 된 인간의 허물과 죄는 이 세상 그 무엇으로도 갚을 수가 없다. 그리스도의 형상과 모양으로 창조되어 영생해야 할 사람들은 아담의 원죄와 자범죄로 영원한 무저갱의 유황불 속에 던져지게 되었다. 인간 창조에 대한 하나님의 실망이 얼마나 크고 또한 무엇으로 하나님 공의의 진노를 막고, 만족하게 해 드릴 수 있겠는가.

이때 그리스도께서 하나님 공의의 진노를 그치게 하고, 만족하게 하시려고 이 세상에 오셨다. 예수님은 하나님 공의의 진노를 채우셨다(신 21:23, 갈 3:13). 인류의 모든 죄를 대신 지고 골고다 십자가에 못 박혀 죽음으로 그 피로 속죄하여 구원에 이르도록 하신 것이다. 그러므로 그리스도의 십자가 죽으심은 하나님 공의의 만족이다. 예수님의 십자가 피는 하나님의 진노를 멈추게 하셨고, 인류 구원의 기쁨을 아버지께 드린 것이다(요 8:28-29).

4. 그리스도의 피는 의로운 피다.

사람은 아담의 원죄와 자기 죄로 누구나 멸망에 처해야 할 죄인들이다(롬 3:16-18). 그렇기 때문에 사람의 어떤 행위적 공로로는 무저갱의 유황불을 면할 수 없다. 하나님 공의의 심판을 막을 만한 그 어떤 행위도 인간에게 없기 때문이다. 오직 이 세상 인간들 가운데 자신의 의로움을 죄인들에게 나타내서 의롭게 하실 분은 그리스도 예수밖에 없다(롬 3:26, 5:16, 18절). 그리스도만 의롭고, 그 의로움을 믿는 자에게 의롭게 해 주시는 것은 예수님의 보혈뿐이다. 그리스도께서 의로우시니 골고다 십자가의 피도 의롭다. 그 의로운 피가 믿는 자의 모든 죄를 씻어 주시고, 택하신 성도는 그리스도 안에서 의인이 되었다(롬 5:8-9, 8:33-34).

본문 : 레위기 18장, 20:10~21

하나님께서는 선민 이스라엘의 조상 아브라함에게 현재 가나안 땅 일곱 족속이 아직은 멸망 당할 정도의 죄는 짓지 않았지만, 400년 이상 지나면 반드시 그 땅에 죄가 가득하여 멸망한다고 예언하셨다 (창 15:1-16). 이미 430년 전에 하나님께서 아브라함에게 예언하셨던 그 언약이 드디어 모세와 여호수아 시대에 그대로 이루어졌다. 레위기 18장, 20장은 타락한 가나안 족속의 성 문화와 도덕의 기록이다.

영적, 육체적으로 가나안이 타락했을 때, 하나님께서 모세와 여호수아를 통해 가나안의 모든 족속을 멸절시키라고 하셨다. 하나님이 아모리 족속 외 열 족속을 모두 진멸시킨 후에 메시아 예수님께서 그 언약의 땅 가나안에 오실 것이며, 이스라엘은 그 땅에서 영원히 살게 될 것이라고 하셨다. 18장의 내용은 ①가나안의 풍속을 따르지 말라(1-5절) ②근친상간 금지(6-18절) ③패륜 행위와 우상 숭배 금지(19-23절) ④타락한 성 윤리와 부패한 우상 종교(24-30절) 이다.

첫째, 가나안의 풍속을 따르지 말라(1~5절)

하나님께서는 430년 애굽에서 노예 생활을 하면서 얼마나 우상 숭배와 귀신 문화가 가득 찼던 가를 회상시켜 주신다. 이스라엘이 애굽 문화와 종교를 배격했던 것처럼 가나안 땅에서도 윤리적 음행 문화, 특히 근친상간의 죄를 절대 따라가서는 안 된다고 주지(主旨)시킨다. 왜 그런가? ①장차 그 땅에 예수 그리스도가 천하 만민의 구속을 이루려고 오시기 때문에 메시아를 모시기 위해서는 모든 백성이 성결하고, 정결하고, 거룩해야 하기 때문이다. ②만약 이스라엘도 그 땅의 백성들처럼 부패하고 타락하면 반드시 멸망할 것이기 때문이다 (신 7:12-26, 8:19-20). 가나안의 부패와 타락은 이스라엘의 타산지석(他山之石)이다.

둘째, 근친상간 금지(6~18절)

성경은 결코 생리적인 성욕을 죄악시하지 않는다. 하나님은 사람의 성을 통해 번성하게 하시고, 즐거움을 누릴 수 있는 행복의 선물로 주셨다(잠 5:15-19, 전 9:9, 엡 5:25-33). 그 증거로 아담이 혼자 사는 것이 좋지 않아 하나님이 그를 위하여 돕는 여자 하와를 짝지어 주신 것이다(창 2:18-25).

그리스도 예수 안에서 한 남자, 한 여자의 관계에서만, ①가정, 사회, 국가의 질서가 바로 될 수 있고 ②경건한 자손을 하나님으로부터 받을 수 있다(시 127:2-5, 128:3-4, 말 2:15-16). 예수님도 일부일처의 사랑하는 관계가 아름답고 복된 가정이라 하셨고(마 19:3-6), 바울과 베드로도 부부의 관계를 예수님과 교회의 관계로 묘사하였다(엡 5:22-33, 벧전 3:1-7).

창세 이후 인류 멸망의 역사는 전쟁으로 인한 것보다 가정의 부패와 타락으로 인한 파탄이었다. 가정이 성적으로 문란하고, 부패하면 사회 윤리 질서가 무너지고 반드시 파탄에 이르게 된다. 이는 동서고금의 역사가 잘 말해준다. 천년 제국 바벨론에 백만이 넘는 대군이 있었지만 메데 파사(고레스 · Cyrus, 사 45:1-4)의 30만 앞에서 한 번의 전쟁도 없이 고스란히 바쳐야 했던 것은 우상 숭배와 음행 문화가 바벨론의 정신을 썩게 했기 때문이다. 천년 제국 로마도 외적의 침입보다 오랜 세월 내적인 부패와 음행과 방탕으로 무너졌다.

가나안의 멸망은 아브라함의 때가 아니었다. 하나님은 메시아 초림의 때(καιρός · 카이로스)를 준비하셨지만, 아직 그때는 가나안 7족속의 죄악이 가득 차지 않았고(창 15:16), 가나안 땅이 동성애 (homosexuality), 수간(獸姦 · bestiality, sex with an animal), 우상숭배가 절정에 이르렀을 때, 모세와 여호수아를 통해 멸망시킨 것이다.

본문의 내용은 ①'어머니의 하체를 범하지 말라'(6-8절), ②'자매나 손녀의 하체를 범하지 말라'(9-11절), ③'고모, 이모, 숙모의 하체를 범하지 말라'(12-14절), ④'이중 성행위를 하지 말라'(17-18절).

이러한 근친 관계가 고대 사회에는 더욱 음란하였으므로 모세 율법은 철저하게 금지한 것이다. '하체를 범하지 말라'는 금기가 14회 나와 있다. 성경은 존엄하신 하나님의 거룩한 말씀(聖言)이다. '하체 (עֶרְוָה · 에르바 · nakedness)'는 직역하면 '발가벗긴다(עָרָה · 아라)' 는 뜻의 '나체'를 가리킨다. '범치 말라(גָּלָה · 가라)'는 뜻은 '옷을 벗겨 치부를 드러낸다' '부끄러운 성행위'를 가리킨다(겔 16:33,

23:18).

물론 고대세계는 인구도 적고, 지역도 근거리였고, 모세의 율법도 없었기 때문에 근친 간의 결혼이 성행했다. 아브라함의 아내도 이복 누이였고(창 20:12), 야곱의 두 아내 레아와 라헬은 외삼촌의 딸로 외사촌 동생들이다(창 29:21-30).

똑같은 고대사회라도 아브라함과 야곱의 근친 결혼은 정당한 혼인 관계였지만, 가나안 7족속의 근친상간은 실로 짐승보다 못한 음란한 행위였다. 왜 그렇게 되었는가? 풍요로운 번영의 신이 바로 그들이 섬기는 주신(主神) 바알과 아세라였기 때문이다. 하나님은 선민 이스라엘이 음란한 신과 풍속에 유혹당하지 않도록 가나안의 모든 백성을 멸절시키라고 하신 것이다(신 7:1-11, 9:3-5, 13장, 20:10-18).

셋째, 패륜 행위와 우상 숭배 금지(19-23절)

하나님이 보실 때, 가나안 7족속은 이미 사람 되기를 포기한 이성 없는 짐승 같아서 모두 멸망시키는 것이 마땅했다(벧후 2:12, 유 1:10). 그들은 하나님으로부터 유황불 벼락을 받은 소돔과 고모라의 음란한 후손들이다(창 10:15-20, 19:1-28).

본문의 내용은 생리 중인 여자와 성행위(19절), 타인의 아내와 간통(20절), 몰렉 섬김(21절), 동성애(22절), 수간(23절) 등이다. 동성애는 소돔과 고모라 성 사람들의 일상생활이었다(sodomite). 수년 간 애굽의 신으로 숭배했던 숫염소와 여자들 간에 공공연히 성행위를 했고, 로마에서도 남자들이 암컷 개와 수간을 즐겼다고 한다. 이러한 패륜적인 동성애가 현시대에 와서 합법화되었다. 심지어 지정된 교회도 생겼고, 주례하는 목사도 등장했다. 그뿐만이 아니다. 현대 서구사회에는 동물과 혼인해서 부부로 살아가는 '인견 부부'(人犬夫婦)도 점차 늘어난다고 한다. "너희도 이 모든 일을 보거든 인자가 가까이 곧 문 앞에 이른 줄 알라"(마 24:33). 아멘, 주 예수여 오시옵소서.

넷째, 가나안의 성 도덕과 타락에 대한 결론(24-30절)

하나님의 메시아 언약의 땅에 대한 예언(창 15:1-16)으로 가나안 땅은 영원히 이스라엘 선민의 땅이 될 것이라고 하셨지만 아브라함과 그의 4대 자손까지도 이루어지지 않았다. ①메시아 오심의 때가 되지 않았고 ②아직 가나안의 선 주인인 아모리 족속의 죄악이 그 땅에 가득 차지 않았기 때문이다. 그러나 아브라함부터 4대가 지나고, 애굽 생활까지 430년이 흘러가면 모세와 여호수아 시대에 이르러 아모리 족속을 비롯한 가나안 일곱 족속의 죄악이 가득 차기 때문에 하나님의 언약대로 가나안 땅을 멸망시켜서 이스라엘에 주려는 것이다.

또한 가나안의 도덕과 성 윤리의 타락에 대한 결론은 지금까지 말씀하신 어떤 성결보다 강력한 메시지였다. "그 땅도 더러워졌으므로 내가 그 악으로 말미암아 벌하고 그 땅도 스스로 그 주민을 토하여 내느니라"(25절). "너희도 더럽히면 그 땅이 너희가 있기 전 주민을 토함 같이 너희를 토할까 하노라 이 가증한 모든 일을 행하는 자는 그 백성 중에서 끊어지리라"(28-29절)

①'그 땅이 더럽혀졌다' ②'그 땅에서 가증한 일이 생겼다' ③'내가 토하여 내치리라'(24-28절)는 말씀을 거듭하신다. 더럽혀진 가나안을 퇴출하는 것은 그들뿐만이 아니다. 동서고금 어느 민족이라도 아모리 열 족속처럼 성적으로 부패하고 타락하면 반드시 징벌하신다, 는 현대를 살아가는 우리에게 주시는 교훈이다.

본문 : 레위기 19장, 출애굽기 20:1~21

로마서 1:18~2:29은 예수 그리스도를 떠난 모든 인류가 얼마나 패악(悖惡·wickedness)한 가에 대한 고발이라면, 레위기 18, 20장은 하나님을 떠난 인류가 얼마나 성적으로 부패하고 타락했는가를 증명하고 있다. 이 시대 하나님의 백성들이 불신자들의 패악과 음행 문화에 맞서 어떻게 정통 신앙의 교리와 도덕적 윤리를 지켜나갈 것인가에 대한 지침이 레위기 19장이다. 이미 동물화되어 버린 가나안 족속의 음행 문화 유혹에서 벗어나기 위해 적극적으로 방어하고, 정결과 성결로 거룩한 생활에 힘써야 한다는 윤리 강론의 실천이다.

소돔에 들어간 의인 롯은 그들의 음행 문화에 물들지 않으려고 몸부림을 쳤다(창 19:1-8, 벧후 2:6-8). 모세의 백성도 가나안에 들어가 살려면 그 같은 몸부림이 있어야 한다는 것이다. 진실로 언약의 땅 가나안이 메시아의 구속사가 성취되는 곳이라면 그곳에 들어가서 메시아와 함께 살아야 하는 선민 이스라엘은 구속사 선민인 것을 온 천하에 보여주는 영적 장자가 되어야 한다(출 4:22, 렘 31:9).

레위기 19장에 "나는 너희의 하나님 여호와이니라"는 말씀이 7번 나온다(3, 4, 10, 25, 31, 34, 36절). 그리고 "나는 여호와이니라"는 말씀은 무려 8번 나온다(12, 14, 16, 18, 28, 30, 32, 37절). 이는 여호와 하나님의 신적 권세로 "내가 여호와 하나님으로 거룩하니 너희도 거룩하라"는 하나님의 권세적 책임이 선민에게 부여된 것이다. 이는 4가지 사명이다.

(1) 하나님께서 명하시는 사회 규범을 반드시 지켜나갈 것을 권면하신다. 이 규범을 지켜나갈 때, 비로소 가나안의 음란 문화를 이겨내고 퇴치할 수 있기 때문이다.

(2) 하나님을 섬기는 신앙적 믿음은 그것을 실천하는 윤리 생활과 다른 것이 아니다. 신앙과 행함은 한 묶음이다. 믿음은 생활로 인정받아야 하고, 행위는 믿음에서 나와야 하기 때문이다.

(3) 하나님께 제사하는 기준은 거룩함이어야 하고, 그것은 이웃에게 선행으로 나타나야 한다.

(4) 이 규례에 순종할 때는 축복이, 불순종하면 심판이 따른다. 레위기 19장의 내용은 ①대신적 규례(1-8절) ②대인적 규례(9-18절) ③기타 규례(19-37절)이다.

첫째, 대신적(對神的) 규례(1~8절)

선민 이스라엘이 그 당시 모든 열국 가운데 가장 성결하고 거룩한 백성이 되어야 하는 것은 오시는 메시아 예수님의 구속사 백성이기 때문이다. 이스라엘이 가장 신령한 백성이 되어야 하는 것은 하나님이 모든 신 가운데 가장 거룩한 신이시기 때문이다(1-2절). 왜 가나안의 아모리 족속은 모든 열국 가운데 가장 추한 백성이 되었는가? 그것은 가장 추하고 음란한 신 바알과 아세라를 섬겼기 때문이다. 국가와 백성이 어떤 신을 믿느냐에 따라 그 운명과 삶이 달라진다(A.J.Toynbee).

오직 하나님만 신령하시고 거룩하신 참 신이기 때문에 그 하나님을 믿는 백성들 또한 ①부모를 경외하고 안식일을 지킨다(3절). ②가나안의 백성들처럼 우상을 만들지 않는다(4절). ③하나님께 화목 제사를 드린 후 제사장과 백성은 남은 제물을 회막에서 함께 먹으며하나님과 사람, 사람과 사람 간에 사귐을 가진다(5-8절). 그러나 가나안의 바알과 아세라를 섬기는 백성들은 자기 신의 제삿날 온 백성이 신전에서 춤을 추고, 술에 취해 음행하였다.

둘째, 대인적(對人的) 규례(9~18절)

십계명은 대신적 계명(1~4계명)과 대인적 계명(5~10계명)으로 되어 있다(출 20장, 신 5장). 본문1~8절이 대신적 규례라면, 9~18절은 대인적 규례이다. 대인 관계는 두 가지다. ①이웃을 사랑하라(9, 10, 17, 18절) ②이웃을 압박하거나 해하지 말라(11-16절). 왜 선민들끼리 압제·압박해서는 안 되는가? 다같은 하나님의 백성으로 아브라함의 선민이기 때문이다. 그리고 계시 언약의 땅 가나안에 오셔서 인류의 구속을 이루실 예수 그리스도의 백성이기 때문이다. 이스라엘 백성은 모두 아브라함과 이삭과 야곱의 자손으로 메시아의 구속사 안에서 한 민족, 한 권속이다.

이런 사회적 규례는 비단 유대 민족뿐만 아니라 더 나아가 인류애로 번져야 하는 박애주의다. 인류애의 사회적 규범은 "네 이웃을 네자신같이 사랑하라"(18절, 마 22:39)는 예수님의 말씀으로 축약할수 있다. 이 규례는 "네 마음을 다하고 목숨을 다하고 뜻을 다하여주 너의 하나님을 사랑하라"(마 22:37)는 기독교 신앙 교리의 정수(精髓)다. 하나님 공경과 이웃 사랑의 아가페(ἀγάπη · 하나님의 사랑)는 십계명의 주요 가르침이다. 레위기 19장은 경천애인(敬天愛人)의 총 지침이다.

셋째, 기타 규례(19~37절)

본문은 구속사 백성의 성화에 대한 결론 부분으로 선민 이스라엘이 가정, 사회, 국가적으로 행하고 지켜야 할 여러 규례가 두서없이나온다. ①두 종자를 섞어 뿌리지 말고, 다른 종의 가축과 교미시키지 말고, 두 재료로 된 옷을 입지 말라(19절). ②정혼한 여종과 동침했으면 그 여종을 해방하라(20절). ③과일나무를 심거든 4년째 열매는 하나님께 드리고, 5년째부터 사람이 가져갈 수 있다(23-25절). ④피를 먹지 말고 사술 행위를 금지하라(26절). ⑤머리를 꾸미지 말고, 수염 끝을 손상하지 말며, 몸에 문신하지 말라(27-28절). ⑥가나안의 풍속에 따라 딸을 창기로 만들지 말며, 안식일을 지키고, 무당과 박수에게 점치지 말라. 가나안의 음행과 복술을 금지한 것이다(29-31절). ⑦거류하는 이방인을 학대하지 말고 사랑하라(33-34

절). ⑧정의로운 재판을 하고, 공평한 저울을 사용하라(35-36절). ⑨ "너희는 내 모든 규례와 내 모든 법도를 지켜 행하라 나는 여호와니라"(37절).

기타 규례에서는 히브리 민족·하나님의 선민 이스라엘은 ①사회 규범과 질서를 존중히 여겨야 하고 ②타락한 가나안을 따라 사술 행위(점, 복술, 관상, 손금, 별점, 행운, 운수 등)를 하지 말고 ③상거래, 경제 유통 질서를 잘 지켜서 더불어 잘 사는 사회 공동체가 되도록 해야 한다.

기타 규례를 숙고(熟考)하면, 그리스도 구속사의 사람은 타의 모범이 돼야 하고, 그리스도인으로 깨어 있어야 한다. 하나님은 창조세계뿐만 아니라 인간사회 조직에도 질서를 주셨다. 그러나 가나안 일곱 족속처럼 부도덕한 우상 주의와 타락한 음란문화로 영적 질서를 깨뜨리는 것은 하나님의 선하시고 의로우심을 모독하는 패역무도한 행위다.

제 19강 가증한 범죄자의 처벌

본문 : 레위기 20장, 에스겔 5:5~17, 23:36~49

레위기 18장은 가나안 족속의 성도덕 문란, 19장은 이스라엘 백성의 성화에 대한 교훈, 20장은 성도덕 문란으로 동물처럼 타락한 가나안 족속에 대한 징계와 처벌이다. 내용은 ①몰렉 숭배자의 처벌(1-5절) ②신접한 자와 부모를 저주한 자의 처벌(6-9절) ③성적 범죄자의 처벌(10-21절) ④구속사 선민의 경계(22-27절)이다.

하나님께서 싫어하시는 인간의 죄가 많지만 그 가운데 가장 미워하는 죄는 우상숭배와 성적 문란과 인간의 사악한 행위다. 이 3가지는 로마서 1:18-32에 기록된 대로 함께 저지른 공동의 죄다. 회개하고 돌이키지 않으면 반드시 하나님 심판의 처벌을 받는다. 소돔과 고모라가 유황불에 묻혔고, 가나안 일곱 족속이 멸망했다. 우리는 소돔과 고모라, 가나안, 고대 열강이었던 바벨론, 애굽, 앗시리아, 로마의 몰락을 거울로 삼아 우리 자신을 하나님 앞에서 성찰해야 한다(고전 9:27).

첫째, 몰렉(몰록)숭배자의 처벌(1~5절)

'몰렉(מלך·모레크)' 숭배자는 누구라도 그 지방 사람이 돌로 쳐죽이라고 하시면서 그것을 방관하는 자도 처벌하라고 하셨다(1-5절). '몰렉'은 '왕'이란 뜻이다. 몰렉(=밀곰)의 기원에 대해서 여러

설이 있지만 아마도 암몬 족속의 주신(主神)인 것 같다(왕상 11:5, 왕하 23:10, 13, 사 57:9). 몰렉은 청동으로 만들었는데 머리는 수소이고 몸은 사람이다. 두 팔에 아기를 올려놓고 태워 죽인다. 가나안 땅에는 아모리 족속이 주신으로 섬기는 바알과 아세라가 있지만, 몰렉은 인신제사(人身祭祀)를 위해 암몬에서 들여온 것이다.

이스라엘에 몰렉이 들어온 것은 솔로몬이 타락했기 때문이다. "솔로몬 왕이 바로의 딸 외에 이방의 많은 여인을 사랑하였으니 곧 모압과 암몬과 에돔과 시돈과 헷 여인이라"(왕상 11:1-8절). 이스라엘 왕국의 쇠퇴기였던 아하스(므낫세) 왕 시대(주전 697-642년)에 가장 왕성했다(왕하 21:1-9, 대하 33:1-9).

이스라엘 예루살렘 서남편의 '흰 놈의 골짜기'(גֵּיא בֶן־הִנֹּם · 께이 벤-힌놈, 왕하 23:10)의 '도벳'(tophet)에 단을 쌓고 숭배했다. 흰 놈의 골짜기는 일명 '게헨나(γέεννα · 게엔나, 마 5:22, 29, 30)'로 불리며 신약성경으로 보면, '지옥'이다. 하나님께서는 이스라엘을 향하여 너희가 가나안 땅에 들어가거든 이 몰렉을 제거하여 불태워 버리고, 숭배자들은 돌로 쳐 죽이라고 하셨다(2절, 신 7:1-11, 12:1-3). 바알과 아세라도 마찬가지다. 왜 이같이 하시는가?

(1) 우상 숭배는 하나님께 반역하는 죄일 뿐 아니라(출 20:1-5, 신 5:7-9) 그것을 방관하는 자 또한 우상숭배에 동참하는 것이기 때문이다(신 9:1-5).

(2) 몰렉 숭배는 전형적인 살인이기 때문이다. 사람을 죽여 인신(人身) 제사를 한다는 것은 하나님의 형상과 모양을 파괴하는 창조자 배신이고, 생명의 피를 흘리는 살인죄이다(창 9:5, 출 20:13, 신 5:17).

(3) 몰렉 신을 방관하면 이스라엘 선민에게 금방 전염되어 인신 제사가 유행할 수 있기 때문이다. 입다의 딸 사건을 하나님께 드리는 인신 제사로 해석하면 안 된다. 하나님은 인신 제물을 전혀 원하지 않기 때문이다(삿 11장).

(4) 예수님의 구속사로 해석할 때, 그리스도께서는 한 생명을 천하보다 귀하게 여겨 사람의 목숨은 어느 것과도 바꿀 수 없다고 하셨다(마 10:29-31, 16:26). 더구나 예수님께서는 그 한 생명을 구원하시기 위해 골고다 십자가에서 자기 목숨까지 버리셨다.

(5) '갓난아기'(βρέφος · 블레포스, 눅 2:12), '어린이'(παιδίον · 파이디온, 마 2:8)는 예수님이 세상에서 무엇보다 사랑하고 아끼는 천사들이다(마 18:10, 19:13-15, 막 10:13-16). 누구든지 어린이를 학대하면 예수님을 대적하는 것이다. 더구나 몰렉 신에게 아기를 태워 바친다는 것은 그리스도의 구속사로 절대 용납할 수 없는 큰 범죄이다.

둘째, 접신한 자와 부모를 저주한 자의 처벌(6~9절)

레위기 20장에는 접신한 자와 부모를 저주한 자의 처벌이 첨가된다. 접신한 자라는 말씀은 귀신이 마음속에 들어가 거주하는 것으로(삼상 28:7-14, 막 5:1-5) '음란하게 따르는 자'라고 했다. 그러므로 접신과 음행을 함께 있는 것으로 말씀하셨다. ①사람이 음행을 즐기듯 우상숭배에 빠지는 것이다. ②우상 숭배를 하는 자들은 반드시 음란 행위도 같이 한다는 뜻이다. 우상 숭배는 하나님을 떠나 다른 신을 섬기는 영적 간음이다(렘 3:1-10, 겔 16:1-43).

고대 신전에서 제사 드리는 사제는 신전의 창녀들이었다. 고대 고린도 지역에 아폴로포리스 언덕이 우뚝 솟아 있고, 그 위 아프로딧트(Aphrodite) 신전에는 천 명이 넘는 여사제가 있었다. 거룩한 창녀들(holy prostitute)이다. 밤이 되면, 아폴로포리스 언덕을 내려와 고린도 도시로 잠입하여 몸을 팔았는데 대상은 귀족들이었다. 또한 에베소에는 아데미(Artemis / cf. Diana 행 19:24 아데미)라는 처녀 신전이 있었는데 그 신 또한 창녀들이 섬겼다. 가나안 일곱 족속에게는 '아세라' 모신(母神)이 있었고, 여사제들은 매춘부였다.

우상 숭배자의 신전 제사장(몰렉 제사장)과 하나님의 성전 제사장은 다르다. 성막에서는 다른 불만 피워도 그 제단에서 불이 나와 제사장이 죽었다(10:1-3). 다른 우상의 사제와는 비교가 되지 않는다. "너희는 스스로 깨끗하게 하여 거룩할지어다 나는 너희의 하나님 여호와이니라"(7절). 만약 이스라엘이 접신한 자와 박수무당을 음란하게 따르거나(6절), 자기 부모를 저주하면 반드시 죽여야 한다(9절).

셋째, 성적 범죄자의 처벌(10~21절)

앞에서 가나안 족속처럼 성적인 범죄를 저지르지 말라는 하나님의 권고가 있었다(18:6-23). 본문은 만약 이스라엘도 가나안 일곱 족속처럼 성적으로 문란하고, 타락하면 반드시 죽임을 당한다는 단호한 처벌의 말씀이다. 지엄하신 하나님의 명령이 내려졌는데도 가나안과 똑같은 음란행위가 벌어졌기 때문이다.

(1) 거룩하신 하나님을 떠나면, 가나안 땅 족속들처럼 음행의 주신(主神) 바알과 아세라를 따라갈 수밖에 없다.

(2) 백성의 음행을 방치하면 그 음풍이 모든 백성에게 누룩처럼 퍼져서 삽시간에 영혼을 썩게 할 수도 있기 때문이다(고전 5:1-8, 갈 5:9, 히 12:14-17).

(3) 하나님이 창조하신 가정 제도가 완전히 몰락할 것이기 때문이다(창 2:18-25). 그렇게 되면 선민 이스라엘도 가나안 땅 족속들처럼 변질되고 만다(말 2:10-16).

(4) 메시아는 하나님의 계시 언약대로 가나안 땅에 오실 것인데 가나안 땅은 물론이고 선민 이스라엘마저 타락한 백성이 된다면 어떻게 메시아가 온전한 인류의 구속을 성취할 수 있겠는가? 음란한 성 소돔과 고모라를 유황불 속에 삼켜 버린 것처럼 이스라엘도 그렇게

되고 말 것이다(창 19:23-29).

넷째, 구속사 선민 이스라엘의 경계(22~27절)

레위기 20장의 결론이다. 하나님은 아브라함 때(주전 432년 전)에 가나안 땅을 접수하실 수도 있었다(창 15:12-16). 그러나 공의로우신 하나님은 가나안 일곱 족속의 죄가 모세와 여호수아 시대만큼 타락하지 않았기 때문에 죄가 차기까지 기다려 주셨다(창 15:16). 그러나 이제 그들의 죄가 찼고, 아브라함에게 언약하신 대로 아모리 열족속을 모두 멸망시켜 이스라엘에 주려고 하셨다.

어느 민족·국가든지 타락하면 반드시 아모리 족속처럼 몰락하고 만다. 선민 이스라엘도 예외는 아니다. 하나님의 경고다(18:25, 28, 20:22-23, 신 9:3-5, 12:29-32). 이스라엘도 타락하면 가나안처럼 멸망한다. 가나안 땅은 하나님이 족장들에게 계시 언약으로 주신 땅이요, 하나님이 자기 백성에게 주신 사랑의 선물이다(20:24, 출 3:8, 13:5, 민 13:27, 신 26:9, 31:20, 수 5:6, 렘 11:5, 32:22, 겔 20:6).

신약적인 표현으로 천국이다. 바울 사도는 신약시대에도 가나안 땅은 남아 있으니 하나님의 언약을 믿고 들어가기를 순종하면서, 가나안의 주인으로 오시는 예수 그리스도만 영접하면 가나안 땅의 원형인 천국에 들어갈 수 있다고 하였나(히 3:12, 4:14). 여호와 하나님이 거룩하신 것처럼 하나님의 백성도 거룩해야 한다. 먹고 마시는 것도 분별하고(11:1-23), 접신자, 박수무당과 사귀지 말라고 당부하셨다(25~27절).

◈ 가나안 족속의 신관(神觀) ◈

인류 역사가 아놀드 토인비(A.J.Toynbee)는 "인간은 그 국가가 어떤 종교를 가지느냐에 따라 품위가 형성되고, 운명도 결정된다"고 했다. 바울 사도를 싣고 간 로마행 배(행 20:1-6)는 유럽의 문명(선물)을 싣고 간 것이다. 아브라함이 가나안 땅에 들어올 때만 해도(창 12:1-5) 가나안의 죄악이 하나님으로부터 아직 멸망 당할 정도는 아니었다(창 15:16). 그러나 아브라함 사후, 430년이 지난 후에는 짐승만도 못할 정도로 타락했다(레 18장, 20장, 신 13장, 18장). 그 원인은 물질의 풍요로 인한 나태와 게으름도 있지만, 음란한 신 바알과 아세라가 가나안 땅 모든 족속의 정신과 삶을 타락시켰기 때문이다. 토인비의 말이 적중했다.

가나안 땅의 아모리 열 족속이 지구상에 존재하게 된 것은 노아 홍수 이후, 함의 넷째 아들 가나안부터다(창 10:6, 15-20, 대상 1:8, 13-16절). 하나님께서 아브라함을 갈대아 우르에서 불러내 가나안 땅으로 가게 하실 때, 가나안 족속은 이미 부족을 이루고 있었다(창 15:18-21). 아브라함보다 800~1200년(B.C.2891-3291) 전이다.

가나안 후손의 종주신(宗主神)은 바알과 아세라였다. 이 신에 대해서는 그 출처가 어느 문헌에도 밝혀진 것은 없지만, 고대 아모리 족속의(창 10:16) 토속신(土俗神)이었다. 아모리 족속이 소위 '젖과 꿀이 흐르는 가나안 땅'(출 3:8, 13:5, 33:3, 민 13:27, 신 31:20, 수 5:6, 렘 11:5, 32:22, 겔 20:6)에 들어와 완전한 부족국가를 이루고 살 때 민족신이 된 것이다. 그 후 800~1200년이 지나고 가나안에 들어온 아브라함은 그 땅의 나그네에 불과했다(창 23:1-4, 행 7:1-6, 히 11:8-14 참조). 그러나 가나안에 들어온 아브라함은 이미 여호와 하나님 계시 언약의 메시아를 모시고 있었기 때문에(창 12:1-3, 13:14-17, 15:5-7) 이삭을 바알과 아세라 섬기는 딸들에게 장가 보내지 않고 하나님의 딸에게 보내기 위해 밧단아람까지 청지기 엘리에셀을 보냈던 것이다(창 24장). 이삭의 아들 야곱도 마찬가지다(창 28:1-5).

바알과 아세라가 이스라엘에 들어온 것은 타락한 솔로몬 시대(왕상 11:1-8), 북이스라엘 오므리의 아들 아합이 이세벨을 왕비로 맞으면서부터다(왕상 16:29-33). 그때 아합 왕의 궁에는 바알과 아세라의 제사장 850명이 있었고 하나님의 선지자는 모두 쫓아냈다. 엘리야는 갈멜산에서 바알과 아세라 신을 섬기는 제사장을 모두 몰살시켰다(왕상 18장). 바알과 아세라 신의 후원자였던 아합왕도 죽고(왕상 22장), 이세벨과 그 일족은 자기 선지자와 예후의 종교 혁명 때, 모두 죽임을 당했다(왕하 9장, 10장).

1. 바알과 아세라

(1) 바알 (בַּעַל·Baal, 삿 3:7)

'소유자, 주인, 남편' 이라는 뜻이다. 가나안 일곱 족속의 아버지

신이다. 번영과 창대의 신으로 비, 바람, 공기, 더위와 추위를 담당하며, 아모리 족속에게 '젖과 꿀이 흐르는 가나안 땅'으로 만들어 주신다는 신이다.

(2) 아세라 (אֲשֵׁרָה · Asherah, 삿 3:7)

'낳다, 생산, 출산, 왕후, 아내'라는 뜻이다. 가나안 일곱 족속의 어머니 신으로 인간의 출생, 곡식과 과일의 소출, 가축의 생산을 도맡은 신이다. 모세와 여호수아 때까지 2000년 동안 아버지 신 바알과 어머니 신 아세라가 가나안 땅을 젖과 꿀이 흐르는 에덴동산으로 만들었다고 가나안의 일곱 족속은 믿고 있었다. 그러므로 고대 가나안 족속의 신관(Theocentric)은 바알과 아세라를 부모 신으로 모시고 섬긴 것이다.

2. 가나안의 가정론

고대 가나안 족속은 인류 사회의 가정과 국가 제도처럼 각기 분리된 것이 아니라, 가정, 사회, 국가가 모두 아버지의 신 바알과 어머니의 신 아세라에게 종속되었기 때문에 다 같은 부모 신에게 속한 한 백성이었다(수 12:7-24 참조). 그렇기 때문에 현대 가정의 관계처럼 부친과 모친, 조부와 조모, 아들과 딸, 손녀가 있는 상하 윤리 관계가 아닌 부신 바알과 모신 아세라에게 속한 개인적인 관계일 뿐이다.

국가라는 것도 가정과 가정이 하나가 된 바알과 아세라의 나라, 곧 민족 국가만 있는 것이다. 가정은 없고 나라만 있다. 그래서 만약 가나안에 속한 부족국가와 전쟁을 하게 될 때는 일곱 족속이 다 같이 일어나 그 전쟁에 합세한다. 그것은 아모리 열 족속 전체(창 10:15-20)가 한 부모의 신 바알과 아세라를 모시는 자식이기 때문이다. 우리의 상식과 윤리, 도덕으로는 가나안 땅의 음행과 근친상간은 이해할 수 없을 정도로 더럽고 추하지만(레 18장, 20장) 바알과 아세라 부모 신에게 속한 각 개인이기 때문에 가능하다.

3. 바알과 아세라 신의 축제

선민 히브리 민족에게 유월절, 오순절, 장막절 축제가 있던 것처럼 (출 23:14-17) 고대 세계의 바벨론, 애굽, 헬라, 메데, 파사, 로마도 년 3~4회 축제가 있었다. 가나안 족속도 신에 대한 성대한 축제가 있었다. 이 기간에는 전국에 있는 방백들이 바알 신전에 모여 백성과 함께 대대적인 경축식을 가졌다(삿 16:23-27). 그리고 마지막 한 주간은 바알과 아세라를 나무 조각으로 만들어 남편 의상, 아내 의상을 입히고 침실을 마련하고 사람이 동침하는 것처럼 눕혀 놓았다. 이때가 축제의 절정이다. 신전 안에서는 술잔치가 벌어지고, 사람들은 춤추며 광란의 한 주간을 보낸다. "우리 부모가 동침 중이니 우리 신의 출산을 돕자"며 아무나 붙잡고 한 주간 내 음행한다. 이 기간에 태어난 아기는 '신생아(神生兒)'로 칭하고 존귀하게 여겼으니 곧 바알과 아세라가 동침하여 우리에게 주신 신의 자식이라는 것이다.

4. 선민에 대한 하나님의 경계

하나님께서 모세와 아론 그리고 여호수아에게 선민 이스라엘이 가나안에 들어가자마자 해야 할 일은 ①모든 우상과 신상을 철거하고 ②남녀노소 심지어 짐승까지도 다 몰살시키라(신 7:1-5, 12:1-7)고 명하셨다. 그러면서 자기 백성을 심히 경계시킨 것은 두 가지로, ① 절대 그들이 가는 길을 가지 말라 ②그들의 생활 문화나 신에 대한 종교를 탐구하지 말라는 것이다(신 12:30). 중요한 것은 그들의 풍속, 생활 문화, 종교에 대한 연구다. 왜 하나님께서 종교적 탐구심(바알과 아세라에 대한 연구)을 갖지 말라고 하셨는가? 당장에 심적 변화가 일어나 미혹의 올무에 걸리기 때문이다.

사실 이것은 이스라엘의 가장 큰 딜레마(dilemma)다. 가나안의 모든 나라는 아브라함이 갈대아 우르를 떠나 가나안 땅에 오기 전 800~1200년부터 (바알과 아세라를 종주신으로 섬겼고) 모세와 여호수아 시대까지 무려 1700년 이상을 젖과 꿀이 흐르는 제2의 에덴동산을 이뤄 잘살고 있었다. 그러나 그 기간 이스라엘은 어떻게 살았나? 아브라함도 가나안 땅에서는 나그네와 행인으로 살았다(창 23:4). 그리고 아브라함의 자손들이 애굽으로 내려가 430년 동안 요셉이 죽은 후로 노예 생활을 했다. 하나님이 보실 때, 음란하고 더러운 바알과 아세라를 부모 신으로 섬기는 가나안 백성도 무려 1700년 이상을 번성하고 잘사는데 만복의 근원이신 하나님을 모시는 이스라엘은 아직 송곳 하나 꽂을 땅도 없어 떠도는 나그네로 살았으니 그러고도 하나님을 믿는 선민이라 할 수 있는가? 과연 하나님을 모신 백성이 우상을 섬기는 가나안 백성보다 나은 것이 무엇인가? 비교하면 배신감마저 든다. 그렇기 때문에 만약 자기 백성 이스라엘이 가나안의 문화, 생활 풍속, 종교 등을 탐구하도록 내버려 두면 분별력이 없는 이스라엘은 가나안의 생활 풍속과 바알과 아세라의 미혹에 휩쓸리지 않겠느냐는 것이다.

결국 가나안을 탐구하게 되면 메시아 오심의 구속사는 뒷전으로 밀려나고, 우선 눈앞에 화려하게 보이는 가나안의 물질 문명에 빠져 하나님마저 버린다는 것이다. 그 같은 유혹에 넘어가 변심하고 하나님을 떠나게 될 것을 아시고, "너희가 가나안 땅에 들어가자마자 모든 우상과 주상을 철거하고 그 땅의 모든 백성을 멸망시키고 그 땅의 신을 탐구하지 말라"고 누누이 강조하셨다(신 7:1-11, 8:11-20, 9:1-5, 12:1-3, 29-31절).

제 20강 제사장의 성화, 대제사장의 거룩한 생활
본문 : 레위기 21장, 에스겔 24:16~17, 44:20~27

선민 이스라엘의 모든 국가적 행사는 하나님께 드리는 제사 제물의 거룩함과 제사를 집례하는 제사장의 거룩함에 그 중심이 있었다. 레위기 21-24장은 국가 제사의 모습으로 ①제사장의 성화(21장) ②제물의 성화(22장) ③보충적 규례(24장)이다.

레위기 18-20장에서는 바알과 아세라 신으로 인한 가나안 땅 모든 족속의 타락한 성 문화에 대해 열거하면서 선민 이스라엘은 그 같은 추하고 더러운 음행에 유혹당하지 말고 거룩하고 경건하게 살아야 할 것을 말씀하셨다. 본문은 하나님께 제사 드리며 백성을 선도해야 할 제사장이 어떻게 성화할 것인가를 주지시킨다. 내용은 ①제사장 가정의 성화(1-9절) ②대제사장의 거룩한 생활(10-15절) ③제사장의 육체적 완전성(16-24절) 등이다.

첫째, 제사장 가정의 성화(1~9절)

이스라엘 제사장은 모든 백성의 영적 지도자이며, 국가를 대표하는 상징적 인물이기 때문에 가정의 식구들까지도 하나님 앞에서 성화된 생활을 해야 한다. 신약시대 목사들은 교회와 성도의 대표자로 본인과 가정이 거룩할뿐더러 교회와 성도의 본이 되어 하나님께 영광을 돌려야 한다.

(1) 죽은 자의 시체를 만지지 말라(1절).

이는 모든 백성의 결례법이기도 하다. 짐승이나 곤충의 사체를 만지는 것은 부정하기 때문이다(11:24-40). 죽음 그 자체는 죄악의 결과로 여겨지기 때문이다. 더구나 제사장은 거룩하고 신령한 성소에 나가 백성을 위한 속죄제를 드려야 할 집례자인데 죽은 자의 사체를 만지는 것은 결례법에 어긋나기 때문이다.

예수님이 오시기 전 구약시대는 ①하나님의 계명을 어기고 대적한 죄가 그대로 남은 채로 죽었고(창 2:17, 3:1-5) ②원죄의 저주를 받은 시체일 뿐이다(창 3:17-19). ③죄 사함 받지 못하고 죽은 사람의 사체는 저주받은 그대로다. 그렇기 때문에 이스라엘 백성은 물론 제사장은 더욱 만져서는 안 된다.

(2) 식구의 시체는 만질 수 있다(2-3절).

제사장의 식구는 속죄받은 것으로 간주한다. 장차 계시 언약으로 오셔서 골고다 십자가로 속죄하실 그리스도의 피를 예표하기 때문이다. 그러나 대제사장은 식구의 주검을 만져서는 안 된다(10-11절).

(3) 식구 관리를 잘해야 한다(5-7절).

이는 제사장이 이스라엘 가정의 모범이 되어야 하기 때문이다. ① 제사장은 대제사장과 마찬가지로 처녀와 혼인해야 한다(7, 13, 14절). ②자녀 관리를 바로 해야 한다(9절). ③속된 음식, 혐오 식품은 먹지 말아야 한다. 제사장 자신은 하나님께 거룩한 제물만 드리기 때문이다(6, 8절). 제사장은 물론 식구들까지 하나님과 사람에게 모범을 보여 본받을 정도가 되어야 한다.

둘째, 대제사장의 거룩한 생활(10~15절)

다른 성경에는 제사장과 대제사장 간에 다른 규범이 없다. 성의도 머리의 관도 같다. 처음 대제사장은 아론이었고, 네 아들은 모두 제사장이었다. 그리고 세습적으로 아들 중 한 명은 대제사장, 나머지 형제는 제사장이 되었다(레 8, 9장 참조).

(1) 대제사장은 존엄한 품위가 요구되었다.

모든 백성의 큰 어른이며 동시에 모든 사람의 영혼을 책임져야 하기 때문이다. ①머리에 기름 부음을 받고(10절, 8:12) ②대제사장의 성의를 입고(8:7) ③식구의 시체도 만지지 않는다(11절). 이는 제사장과 다르다(2-3절). 여기에는 두 가지 뜻이 있다. 성소를 지키는 대제사장이 식구가 죽었다고 천륜(天倫)을 거스르고 인륜(人倫)을 따라 행동할 수 없다. 대제사장은 오시는 메시아 그리스도를 예표 하는 것으로 그리스도 앞에서는 결코 죽음이란 있을 수 없다. 그리스도는 대제사장이요, 생명이요, 영생이시다. ④성소에서 나올 수 없다(12절). 성소를 벗어나 자기 마음대로 행동할 수 없는 대제사장의 천직을 가리킨다. 이는 그리스도의 예표로 큰 대제사장(히 4:14) 예수님은 오늘도 내일도 영원무궁한 대제사장이시다.

(2) 대제사장은 거룩한 생활이 요구되었다.

대제사장의 가정은 모든 가정의 표본이 되어야 한다. '그는 처녀를 데려다가 아내를 삼을지니'(13절). 이 경우는 제사장과 다르다. 제사장의 결혼 상대는 부정한 여인만 아니면 되지만(7절) 대제사장의 아내는 처녀라야 한다(13-14절). '처녀'는 '(בְּתוּלָה · 베투라)'이다. 이 단어는 동의어인 '(עַלְמָה · 알마)'에 비해 처녀성이 더 확실하다(사 7:14). 베툴라는 구약에 9회 나온다. 그 뜻은 '순결한, 정결한'이며, 거룩한 자라는 의미와 같은 '구별된, 분리된'이라는 뜻도 있다.

왜 대제사장의 아내는 '처녀'여야 하는가? 대제사장은 존귀한 가문이다. 유대교적으로 해석하면 흠 잡힐만한 것이 없어 만인의 입에 오르내리지 못하도록 하기 위해서다. 다음은 경건한 자손을 얻기 위해서다(말 2:15). 대제사장은 자기만으로 사제 직분이 끝나는 것이 아니라 자자손손 대제사장 가문으로 이어져야 한다. 하나님께서는 거룩하고 경건한 가정의 부모를 통해 경건한 자녀를 주신다(시 127:3-5, 128:1-6).

메시아 언약의 구속사로 해석하면, ①하나님이 보내시는 메시아는 반드시 동정녀를 통해 성령으로 잉태하신다는 성탄 언약이다(사 7:14, 마 1:23). ②원죄가 없으신 하나님이 성육신(incarnation)하실 때는 처녀에게서 오신다. ③예수님과 교회의 신령한 관계에서 그리스도는 무죄하신 신랑(마 25:1-13, 고후 11:2), 교회는 그리스도의 정결한 신부이다(사 62:5, 렘 7:34, 16:9, 25:10, 33:10).

이 시대 목회자도 신령하고 경건한 목회를 위해 사모는 인격적인 여자(처녀)여야 한다. 목회 성공의 50%는 사모의 역할이라는 말도 있다.

셋째, 제사장의 육체적 완전성(16~24절)

제사장은 신체적으로 완전해야 한다. 육체적 흠이 있는 제사장의 혈육은 제사의 성물은 함께 먹을 수 있으나 직접 제사를 집례하지는 못한다(22-23절).

이방 종교에는 고행·수양을 한다고 일부러 육체를 손상하는 경우도 있지만(왕상 18:28) 신체는 하나님이 주신 가장 귀한 선물이므로 잘 지키고 관리해야 한다. 레위기 21:18-20은 제사장의 불완전한 신체를 말씀하고 있다. .

"육체에 흠이 있는 자는 그 하나님의 음식을 드리려고 가까이 오지 못할 것이니라"(17, 21, 23절)는 것은 육체에 흠이 있는 자의 제사 금지령이다. 이유는 "그가 내 성소를 더럽히지 못할 것은 나는 그들을 거룩하게 하는 여호와임이니라"(23절). 그러나 "지성물이든지 성물이든지 먹을 것"(22절) 이라고 하셨다. '지성물' 이란 진설병, 소제, 속죄제의 남은 제물을 가리키고(2:3, 6:16-18), '성물' 이란 첫 이삭과 화목제를 드린 후 남은 제물이다(10:14). 신체장애인은 제사 집례는 못하지만 성물은 먹을 수 있었다. 제사장의 혈통은 십일조 헌물도 받았다(Lang).

왜 신체장애인은 제사를 주관하지 못하는가? "그가 내 성소를 더

럽힐 것이라"(23절) 고 말씀하고 있다. 그렇지만 레위기 전체에서 흐르는 유대교의 조건으로 살펴보면, ①하나님 성소의 거룩함이다. 거룩함과 영광으로 계시는 하나님의 전에 일 년 된 어린양, 흠 없는 제물을 드리듯이 제사장과 대제사장은 심령이나 신체적으로 흠이 없어야 한다. ②놋 제단의 불 외에 다른 불을 용납하지 않는 하나님(10:1-3)이시다. 하나님 본래의 인간 창조의 육체가 아니고 무엇을 더하거나 부족하면 온전하신 하나님의 형상과 모양(창 1:26-27)이 아니기에 하나님의 신령하신 성소에서 받지 않으신다.

메시아의 구속사로 살펴보면, 구약시대의 속죄 제사는 온전하신 예수 그리스도의 구속사를 예표 하므로 제사도, 제물도, 제사장도 온전해야 했다. 그러면서도 그것은 불완전한 속죄 제사였다(히 5:1-4, 7:26-28, 10:1-5, 10-14절). 그러나 우리의 큰 대제사장(히 4:14) 예수 그리스도께서 골고다 십자가에서 단 한 번 드린 제사는 완전하기 때문에 어떤 장애인이라도 신령과 진정으로 드리면(요 4:22-24) 다 받아 주신다. 그렇기 때문에 신약시대는 신체장애인도 그리스도로 말미암아 하나님께 제사 드리지 못할 자가 없다. 신체적으로 완전한 조건이 아니더라도 신령한 마음, 거룩한 심령으로 드리면 그리스도의 온전하신 속죄 제물을 통해 하나님께서 다 받으신다.

제 21강 제물의 성화

본문 : 레위기 22장, 11:24~47, 15:1~33

레위기 22장은 '제물의 성화' 이다. 본문에는 하나님께 제사 제물로 드리는 예물을 가리켜 아예 처음부터 '성물(קֹדֶשׁ · 코데쉬)' 이라고 한다(2, 3, 4, 6, 7, 10, 12, 14, 15, 16절). 내용은 ①성물을 먹을 수 있는 규례(1-16절) ②하나님께서 기쁘게 받으시는 성물(17-33절)이다.

첫째, 성물을 먹을 수 있는 규례(1~16절)

하나님께 드려지는 모든 제사 제물은 제사장을 통해 철저히 검증된 예물이다. 그래서 어떤 제물(예물)을 하나님께 올려 드릴지라도 하나님의 전에 흠향하지 못할 것은 없다. 5대 제사 중에서 단 하나의 제사만 곡식으로 드리는 소제의 제물인데 소제마저도 성결하게 만든 후에 드린다(2:1-6, 6:14-23). 하나님께 드리는 제물은 모두 불태워버리는 것이 아니라 번제와 속죄제 외에 대부분 남게 되는데 그중에 화목 제물은 하나님께 드린 제물마저도 거두어서 진설병과 함께 제사장의 몫이 된다. 남는 제물(고기)이 많기 때문에 제사에 참여한 백성들과 함께 성막에서 친교의 잔치를 하게 된다(7:11-37, 9:1-24). 어떤 사람이 성물 잔치에 참여할 수 있는가?

(1) 참여할 수 있는 자

①제사장과 그 가족 ②제사장이 돈을 주고 사 온 종들과 자식(11절) ③결혼한 제사장의 딸 중에서 이혼을 당하거나 과부가 되어 자식 없이 친정에 돌아온 여자(13절) 등이다.

(2) 참여할 수 없는 자

①몸이 부정한 자(3절) ②나병환자, 유출병자(4절) ③시체를 만졌거나 부정한 벌레에 접촉한 자, 죽은 짐승을 먹은 자, 설정한 자, 부정한 것을 만지고 씻지 않은 자(4-8절) ④제사장의 객이나 품꾼, 제사장의 시집간 딸(10, 12절)도 먹을 수 없다.

왜 이런 규례가 생겼는가? ①그 성물이 우상 숭배의 수단으로 전락하는 것을 방지하기 위해서다. ②하나님께 헌물된 거룩한 음식이 일반인이나 이방인에 의해 함부로 남용되는 것을 방지하기 위해서다. ③예수 그리스도의 은혜로 구원받은 성도만이 하나님 나라 생명의 양식을 먹어야 한다는 것을 의미한다. 즉 하나님 나라 영생의 기업은 그리스도 구속사 안에 있는 성도만 누릴 수 있다.

한편, 아무리 대제사장 아론의 직계 가족이라도 하나님의 성호를 욕되게 하거나, 몸이 부정하거나, 나병 환자, 유출 병자는 병이 다 나아서 정결하게 되기 전까지는 성물을 먹을 수 없다(2-4절). 왜냐하면 하나님의 성물 관계는, 육적인 혈통에 있는 것이 아니라 구속사적 믿음의 관계에 있기 때문이다(롬 9:6-8). 이 관계를 잘못하여 완전히 멸망한 가문이 엘리 제사장이다(삼상 2:12-17, 27-34절). 엘리는 자기의 변변치 못한 두 아들대신 사무엘을 이스라엘 지도자로 세웠고, 구속사 계보를 잇는 다윗에게 기름을 부었다(삼상 8:1-3, 16:11-13).

둘째, 하나님께서 받으시는 성물(17~33절)

레위기 22:1-16에는 성물을 먹을 수 있는 자와 먹을 수 없는 자를 구별시켰고, 17-33절에는 하나님께 성물로 드려서는 안 되는 것을 구별하셨다.

(1) 드려도 되는 성물

서원 제물, 자원 제물로 흠이 없는 송아지, 어린양, 염소의 수컷이다(17-19, 21절). 레위기 1-7장의 해석과 설교문을 참조하라.

(2) 드릴 수 없는 성물

흠 있는 것은 무엇이든지 드릴 수 없다(20절). 지체가 상한 것은 드려서는 안 된다(22-25절). 드리는 것은 고사하고 그것을 취급해서도 안 된다.

(3) 제물의 특별관리

①가축이 새끼를 낳으면 7일 동안 어미 곁에 두고 있다가 그 후에 제물로 드려라(27절). 갓난아기로 말한다면 할례를 받아야 할 날이다. ②하나님께 감사의 성물이 되는 것은 드리는 자의 마음에 감사의

기쁨이 있을 때다(29-30절).

(4) 심령관리

①하나님의 계명대로 행하라(31절). ②하나님의 성호를 존중히 여기고 거룩하게 하라(32절). ③너희를 애굽에서 구원하신 하나님을 기억하라(33절).

◈ 천국잔치에 참여할 자 ◈

5대 제사에서 번제, 속죄제 제물은 불로 태워서 드리는 화제(火祭)이기 때문에 남는 제물이 거의 없지만, 다른 제사는 제물이 남아서 제사장의 몫으로 분배된다. 그중에서도 화목 제사 제물은 가죽만 불살라 하나님께 드리고, 그 나머지 부분(살코기)은 제사장에게 바친다. 제사장은 거룩한 장소(회막)에서 제사에 참여한 백성과 함께 제물을 먹으며 화목 잔치를 하게 된다. 레위기 22장에는 이때 제사장과 함께 성물을 먹을 수 있는 자와 먹을 수 없는 자를 구분하고 있다. 이것의 신령한 의미는 하나님의 나라에서 그리스도를 모시고 천국 잔치에 참여하는 것을 말한다(마 8:11-12, 눅 13:29, 계 2:7).

1. 예수 그리스도에게 속한 자

제사장의 권속은 누구나 회막 문에서(출 29:32) 화목 제물을 먹을 수 있으나 외국인, 나그네, 제사장의 객, 품꾼(22:10), 출가한 제사장의 딸은 먹을 수 없다. 제사장과 아무 관계가 없는 사람들이기 때문이다. 지금도 천국은 온 인류에게 열려있지만 그리스도와 관계된 사람만 들어갈 수 있다. 예수님과 관계가 없으면 아무리 선민 이스라엘이라도 들어갈 수 없다.

2. 예수 그리스도의 피로 구속된 자

화목 제물과 성물을 먹을 수 있는 자는 제사장이 돈을 주고 산 자와 그의 자녀들(22:11), 과부가 되든지, 이혼을 당해 자식이 없이 돌아온 제사장의 딸(22:13)이다. 여기에는 중대한 영적 교훈이 있다. 비록 세상의 신분은 하찮게 되었어도 그들은 완전히 제사장의 소유가 되었기 때문에 화목 잔치에 참여하게 된 것이다. 이 예표는 그리스도와 함께 천국 잔치에 동참할 수 있는 자를 가리킨다. 예수 그리스도께서는 우리를 위해 골고다 십자가에서 피 흘려 죽으셨다. 그러나 그 속죄 피를 믿는 자만 그리스도의 백성이 되어 천국 잔치에 참여할 수 있다(계 7:9-17, 14:13).

지금도 천국의 문은 누구에게나 열려 있다. 성막의 대문이 9.12m나 되는 큰 문인 것처럼 천국 문도 열두 대문이나 된다(계 21:12-14 참조). 그 큰 문은 죄인을 위해 예수님이 골고다 십자가의 피로 만드신 구원의 문이다(요 10:7-9). 그러므로 누구든지 그리스도 예수의 피로 속죄되고, 구속사를 믿는 자마다 그 문으로 들어가 예수님을 만나고, 함께 천국 잔치에 참여하게 된다.

3. 예수 그리스도와 화목된 자

선민 이스라엘이 하나님께 드리는 제사가 다섯 가지인데 그 중의 네 가지 제사는 죄 사함을 받게 하는 속죄 제사라면, 화목 제사는 하나님과 화해하는 친교이다. 제사장과 함께 제사 드린 성물을 먹는 것은 사람과 화목 하는 교제의 잔치다.

아무리 대제사장 아론의 식구라도 나병 환자, 유출병자, 부정한 자는(22:4-6) 성물을 먹을 수 없다. 이는 몸이 부정해졌으므로 하나님과 제사장과 성도 간에 화목을 깨뜨리는 것이다. 이는 중대한 교훈이다. 그리스도인이라면 마땅히 먼저 하나님과 화해가 되어야 하고, 그 화해로 그리스도인도 서로 사랑하며 화목을 이루어야 한다(롬 5:1-2, 고후 5:18-21). 천국 잔치란, 평화와 화목의 잔치인데 믿는 형제간에 화목을 이루지 못하는 자는 천국 잔치에 참여할 수 없다. 예수님의 말씀을 읽어보라(마 5:23-24, 6:14-15, 막 11:25).

4. 예수 그리스도의 은혜 안에 있는 자

제사장의 딸이 레위 지파에 시집가지 않고 다른 지파에 시집갔다면 성물을 먹을 수 없으나, 그녀가 과부가 되거나 이혼을 당해 자식이 없이 돌아오면(22:13) 성물을 먹을 수 있다. 다른 지파에 출가했으면 시부모나 남편을 의지하기 때문에 이미 제사장의 식구는 아니다. 그러나 사별했거나 이혼해서 혼자 돌아왔다면 이제는 제사장의 슬하에서 도움을 받을 수 있다. 예수님보다 세상을 더 좋아하고, 하나님보다 돈을 더 사랑하고, 교회보다 세상 향락을 더 즐기는 교인은 그리스도의 권속이 아니기 때문에 천국 잔치에 참여할 수 없다(마 6:19, 21, 24절). 천국은 세상 물질과 관계가 없다. 아브라함(창 14:14), 이삭(창 26:12), 야곱(창 32:101-2)은 큰 부자였어도 제물을 의지하지 않고 메시아의 구속사만 믿고 기다리다 낙원에 갔다. 가난한 자라도 그리스도 안에 머물지 않으면 천국에 갈 수 없다.

제 22강 제사의 성화

본문 : 레위기 23장, 민수기 28장, 29장

본 장에는 바벨론 포로 시대에 지정된 부림절(에 9:17-32)을 제외한 안식일과 6대 절기를 열거하며 이를 거룩히 지킬 것을 명하셨다. 내용은 ①안식일(1-3절) ②유월절과 무교절(4-8절) ③초실절(9-14절) ④오순절(15-22절) ⑤나팔절(23-25절) ⑥속죄일(26-32절) ⑦초막절(33-44절)이다.

첫째, 안식일(1~3절)

안식일은 매주 한 차례씩, 칠 일을 주기로 회전된다. 구약시대에는 창조를 기념하는 토요일을 안식일로, 신약시대에는 예수 그리스도의 십자가 죽으심과 부활을 기념하는 일요일이 안식일이다. 구약의 안식일은 노동을 마치고 안식하는 날이며, 신약의 안식일은 새로운 한 주간을 시작하는 새 출발의 날이다. 안식일에 하나님의 창조를 기념하는 영광의 제사를 드리고, 하루 동안 편히 쉰다. 안식일의 의미는 다음과 같다.

(1) 안식일의 제정은 천지를 창조하신 하나님께 있다(창 2:1-2). 구약의 안식일은 하나님, 신약의 안식일(주일)은 예수님께서 주인이시다(마 12:8). 안식일은 주일로 성취된다.

(2) 안식일 제정의 의미는 사람의 노동을 풀어주는 것이지만 동시에 하나님의 절대적인 계명이다(제4계명, 출 20:8-11).

(3) 안식일 하루는 무거운 노동에서 쉼을 갖지만(마 11:28-30), 6일 동안 자기 일을 완수하는 자에게 주어지는 사명의 축복이다(신 5:13-14).

(4) 안식일은 먼저 하나님께 제사(예배) 드리는 하나님 백성의 신령한 공동체이다.

(5) 이 땅에서 안식일이 없는 자는 하나님 나라의 영원한 안식도 없다(히 4:9-13).

(6) 예수님은 구약의 안식일을 완성하러 오신 분이다. 예수님이 정해 주신 안식일만 온전한 법이다(마 12:6, 12, 요 5:17-18).

둘째, 유월절과 무교절(4~8절)

유월절은 단 하루였고, 무교절은 일주일간이다. 그러나 따로 구분된 것은 아니다. 유월절 하루가 지나면 한 주간 내 무교절로 지낸다. 유월절은 애굽에 내리신 모든 가축의 첫 것, 장자 죽음의 재앙 때 히브리 백성의 집 문설주와 문지방(문인방)에 양의 피를 바르면 그 피(골고다 십자가 피를 상징)를 보고 죽음의 사자가 '지나갔고', 유월절 피가 없는 애굽 사람은 가축에서부터 모든 첫 것과 장자는 죽임을 당했다(출 12:27-30).

무교절은 해방된 기념일로 7일간 경축한다. 이때는 430년 애굽의 고난을 상기하는 의미에서 맹물과 쓴 나물, 그리고 누룩을 넣지 않은 빵을 먹어야 한다. '누룩 없는 빵' '무교병'이 무교절이 된 것이다(출 12:15-20).

한편 유월절은 유대의 종교력으로 1월 14일 저녁부터 지켰는데 그 영적 의미는 다음과 같다.

(1) 유월절에 드려진 일 년 된 흠 없는 어린양(수컷)은 인류의 구속을 위하여 골고다 십자가에서 대속의 죽음을 가지신 예수님을 상징한다(요 1:29, 고전 5:7).

(2) 예수님은 십자가 죽으심을 며칠 앞두고 제자들과 성찬식을 했는데 그 성만찬이 유월절을 기념하는 대속의 예표가 되셨다(마 26:17-30, 눅 22:1-20, 요 13:21-38).

(3) 이스라엘이 애굽에서 벗어나려면 반드시 유월절 어린양의 피가 문지방(문인방)과 문설주에 흔적으로 남아있어야 했다(갈 6:17).

무교절은 유대 종교력으로 1월 14일 이후 한 주간이다(1월 15일 ~21일까지). 영적 의미는 다음과 같다.

(1) 히브리 민족의 최대 명절로 7일 동안 해방을 기념한다.

(2) 맹물을 마시면서 쓴 나물과 누룩 없는 빵을 먹는다. 430년 동안 애굽의 노예가 되었던 큰 고통을 잊어서는 안 된다는 철저한 고난의 교훈이다. '용서는 하지만 잊을 수는 없다' 유대인의 민족적 교훈이다.

(3) '누룩'은 부패와 타락의 상징이다(고전 5:7-11). 이스라엘이 애굽의 우상과 가나안 일곱 족속과 동화될 수 없었던 것은 그들의 음행과 우상숭배는 짐승보다 못한 소돔과 고모라 같은 누룩이었기 때문이다.

(4) '누룩 없는 떡'이란? 메시아의 백성은 음행으로 타락하고, 우상숭배로 부패한 자들과 상종할 수 없다는 단절이다. 만약 그들의 풍속, 교훈, 습관이 하나님의 백성에게 번지게 되면 그리스도 구속사의 진리 복음은 무너지고 말 것이다.

예수님도 바리새인과 사두개인의 '누룩'을 조심하라고 하셨다(마 16:6, 11, 12, 막 8:15, 눅 12:1). 그들의 타락한 교훈을 다루지 말라는 경계다. 사도 바울도 고린도 교회에 "누룩을 주의하라"(고전 5:6-8)고 했다. 더러운 음행을 따르지 말고, 음행한 사람을 교회에서 쫓아내라는 것이다. 갈라디아 교회를 향해서도 "누룩을 용납하지 말라"(갈 5:9)고 했는데 이는 갈라디아 교회에 들어온 할례파 그리스도인들로 예수 믿는 복음으로는 구원이 부족하기 때문에 할례를 받고, 율법도 지켜야 비로소 온전한 구원이 된다는 이른바 '다른 복음'을 가리킨다(갈 1:6-10).

어느 시대나 '누룩의 교훈'은 있다. 기독교 이단이나 사이비 종파가 그렇다. 이 시대의 누룩은 신천지와 같은 이단과 소위 '바라봄의 법칙' 같은 신념적 기독교 종단들이다. 이 교리에 빠지면 예수 그리스도 구속사 진리의 복음은 사라지고 만다.

지난 세월, 한국교회는 신념주의 누룩 교훈에 칼빈주의, 알미니안주의도 다 동화되고 말았다. 특히 저자는 '바라봄의 법칙'의 심각한 누룩을 감지하고 40년 가까이 구속사 진리 복음을 외쳤지만, 누구도 들으려 하지 않았다. 참으로 안타깝다. 무너져가는 한국교회를 살려내는 마지막 길은 오직 구속사 진리 복음 외에는 없다. "귀 있는 자는 성령이 교회들에게 하시는 말씀을 들을지어다"(계 2:7, 11, 17, 29, 3:6, 13, 22절).

셋째, 초실절(9~14절)

'초실절(עֹמֶר רֵאשִׁית · 오메르 레쉬트 · a sheaf of the firstfruits, 23:10, 첫 이삭 한 단)'이란, 글자 그대로 이스라엘이 가나안에 들어가서 농사지은 보리의 첫 소산을 하나님께 봉헌한 것을 가리킨다. 초실절은 유월절 기간이 있는 안식일 다음 날 행했는데(11절) 이때 수확한 곡물의 첫 단을 제사장에게 요제로 드리며(9-11절), 번제와 소제 그리고 전제까지 드렸다(12-14절). 요제에 대해서는 제7강 속건제를 참조하라.

초실절의 영적 의미는 다음과 같다.

(1) 이스라엘이 가나안 땅에 들어간 첫해, 농사를 지어 첫 곡식을 하나님께 드린 것은 하나님을 경외하는 신앙 제일주의를 가리킨다.

(2) 보리 추수의 첫 이삭을 사람이 먹기 전에 먼저 하나님께 드린 것은 하나님만 만물의 진정한 주인이시며, 그러므로 가나안 땅의 모든 생산과 소출은 하나님이 주신 것으로 믿는 것이다.

(3) 하나님께 요제로 드린 곡식의 첫 단은 그리스도 육체의 부활을 상징하는 동시에(요 2:17-22) 그리스도인의 부활 신앙을 가리킨다 (고전 15:20-23).

초실절을 구속사 신앙으로 설명하면 다음과 같다.

(1) 예수님은 비천한 보리 이삭처럼 낮고 천한 몸을 입으셨고, 또한 그 몸을 이 세상에 보내신 하나님께 골고다 십자가에서 모두 다 드리셨다(빌 2:6-8).

(2) 첫 이삭의 보릿단을 하나님께 드린 것은 가을에 두 번째 단의

더 좋은 열매를 하나님께 드릴 것을 암시하는 것처럼, 예수님은 하나님께 드린 첫 번째 사람이다. 예수님께서 먼저 드리셨으니 이제는 우리가 두 번째 사람으로 하나님께 드려야 한다.

(3) 초실절에는 전제로 포도주와 기름과 피가 드려졌는데(13절) 이것은 그리스도께서 골고다 십자가에서 자기 몸을 전제로 드리신 하나님을 향한 향기로운 제사이다. 바울도 자기의 마지막 삶을 그리스도께 전제로 드려야 할 것을 고백했다(딤후 4:6-8).

예수님은 초실절의 첫 번째 단으로 골고다 십자가에서 하나님께 다 드리심으로 그리스도인이 둘째 단이 되게 하셨다. 이제 예수님처럼 우리도, 두 번째 단으로 하나님께 드려져야 한다.

넷째, 오순절(15~22절)

초실절 후 일곱 주가 지났으니 칠칠절이라 하고, 첫 곡식의 보리를 수확하여 하나님께 드리니 맥추절이라고 한다. 무교절의 50일째가 되었으므로 오순절이라고도 한다. 오순절은 유월절, 장막절(초막절)과 함께 이스라엘의 3대 절기이다. 오순절 제사에는 소제(16-17절), 번제(18절)를 속죄제(19절)와 함께 드렸으니 맥추감사절이라고 했다(20, 22절). 맥추절 감사를 드리면서 한 주간을 경축하는데 나그네, 고아, 과부, 가난한 자에게 맥추절에 나온 모든 곡식을 나누어 주면서(신 16:9-11) 함께 먹고 마시라고 하셨다. 그날은 자유인과 노예,

남녀노소, 빈부귀천이 따로 없고 오시는 메시아의 한 형제, 한 민족이었다.

오순절의 의미는 다음과 같다.

(1) 풍성한 수확을 주신 하나님께 감사와 영광과 기쁨으로 찬양하는 민족의 축제였다(신 16:9-11, 26:1-13).

(2) 그 주간에 모든 백성은 차별 없이 한 상에 둘러앉아 하나님의 사랑과 메시아를 대망하면서 같은 아브라함의 자손으로 찬양한 것이다. "날마다 맥추 절기만 같게 하옵소서."

(3) 선지자 요엘의 예언대로(욜 2:28-32), 오순절 성령강림으로 천하 만민에게 메시아 예수님의 구속사 진리의 복음을 전할 때, 그 복음을 믿는 자마다 구원받게 될 것을 가리킨다.

(4) 오순절에 드리는 유교병(누룩 넣은 떡)은 예수님의 골고다 십자가의 피로 속죄되어 구원된 성도를 가리킨다.

(5) 오순절은 광야교회를 지나 신약시대에 오시는 성령으로 인하여 천하 만민이 하나님께 회개하고 돌아오는 교회의 풍성함을 예표한다.

(6) 오순절은 성령의 강림으로 신약시대의 교회가 시작되는 출발점이다.

(7) 오순절 성령의 방언은(행 2:1-11) 바벨탑으로 혼잡해진 언어가(창 11:1-9) 하나 됨과 동시에 그리스도 구속사 진리의 복음이 급속도로 천하 만민에게 전해질 것을 증거한다(행 2:8-11, 2:41, 47절).

(8) 신약시대의 오순절은 성령의 하나 되는 역사로 유대인이나 이방인, 종이나 자유인도 주 예수 그리스도의 구속사 진리 복음으로 모두 하나님의 백성이 될 것을 확증시킨다(롬 3:29-31, 갈 3:26-29).

다섯째, 나팔절(23~25절)

나팔절은 히브리 민족의 종교력으로 7월 1일, 새해 첫날 1월 1일이다(23-24절). 이날은 하나님의 새로운 날이 도래되었음을 알리고, 감사한 마음과 기쁨으로 맞이하는 안식의 새날(25절)로 전국에서 나팔을 불어 기념하였다. 예루살렘 성전에서는 하나님께 새해 감사 제사를 드렸다. 나팔절의 영적 의미는 다음과 같다.

(1) 구약시대 나팔 소리는 하나님께서 선민 이스라엘에 계시 언약을 주실 때, 하나님 앞에 소집하는 부르심이었다(출 19:13, 16, 19절).

(2) 나팔 소리는 우레, 번개, 연기, 흑암, 폭풍과 함께 하나님이 강림하셨음을 가리킨다(출 19:16, 20:18, 히 12:18-21).

(3) 나팔은 반드시 희생 제사 때 불어야 한다(25절). 희생 제사는 예수님의 대속을 의미하고, 나팔을 부는 것은 희생 제사가 하나님께 열납 되었음을 알리는 신호이다. 그리스도의 골고다 십자가의 희생 제사는 하나님께 온전히 상달 되었으므로 예수님도 마지막 운명하실 때, "내가 다 이루었다"(요 19:30)고 하신 것이다.

(4) 나팔은 순전한 은으로 만들어야 했다(민 10:2). 구약에서는 하나님 계시 언약의 순전함을, 신약에서는 그리스도의 구속사 진리 복음의 순연(純然)함을 예시한다.

(5) 신약시대의 나팔은 예수 그리스도의 복음을 상징한다. 복음이란 하늘에서 말씀하시는 그분의 생생한 음성이다(히 12:18-24).

(6) 신약시대의 나팔은 예수님 재림의 징조를 가리키는데(마 24:31) 나팔소리와 함께 천사가 동원되고, 잠자던 성도들의 몸이 부활하게 된다(고전 15:51-52).

(7) 나팔소리는 무서운 심판의 신호이다(계 8:7-13, 9:1, 13, 11:15).

(8) 나팔소리는 우리 주 예수 그리스도의 강림하심을 가리킨다(계 1:10, 4:1). 예수님 재림 때는 팡파르 나팔소리다.

여섯째, 속죄일(26~32절)

이스라엘의 속죄일(성력 7월 10일) 규례에 대해서는 16장에서 거론되었으나 본문은 그 제사의 성화를 다시 한번 강조한다. 대 속죄일에는 안식하고, 성회로 모이고, 속죄 제물로 화제를 드렸다. 노동을 금하고 안식해야 하는 것은 모든 절기의 일관된 규례이다. 그러나 대 속죄일과 다른 절기가 다른 것은 대 속죄일에는 "스스로 괴롭게 하라"는 명령이다(27, 29, 32절). 만약 스스로 괴롭게 하지 않으면 "백성 중에서 멸절시키리라"(30절) 고 하신다.

"스스로 괴롭게 하라"는 말씀은 이방인의 우상 종교처럼 자기를 학대하는 고행을 말씀하는 것은 아니다. 이방 종교의 고행은 자기 몸을 칼과 창으로 찌르고, 때로는 줄로 몸을 옭아매며 학대한다(왕상 18:26-29). 본문의 "스스로 괴롭게 하라"는 말씀은 두 가지로 금식하면서 자기 죄를 철저히 회개하는 속죄를 가리킨다. 영과 육이 정결함을 받으라는 성결의 거룩함(sanctification)이다. 다음은, 예수 그리스도에게 돌아오라는 회심(conversion)이다. 교회는 다니지만, 마음에 주님이 없는 형식주의에서 발을 끊고, 마음과 뜻과 정성을 다해 주님을 찾고 만나라는 것이다(호 10:12-13, 욜 2:12-14, 미 6:6-8). 대 속죄 제사는 대제사장이 일 년에 한 번 지성소에 들어가는 대 속죄일이다. 다음과 같은 영적 의미가 있다.

(1) 하나님께서는 작은 죄, 큰 죄를 구별하지 않고 어떤 죄라도 반드시 회개하고 속죄받기를 원하신다.

(2) 죄는 골고다 십자가에서 못 박혀 죽으신 주 예수 그리스도의 피로만 속죄된다. 그리스도께서 구속의 죄 사함을 이루시기까지 구약의 모든 죄 사함은 골고다 십자가 보혈의 그림자요, 예표이다.

(3) 예수 그리스도의 대 속죄는 ①믿는 자에게 성령의 관여하심과 ②본인의 철저한 회개로 된다. 그렇기 때문에 대 속죄일은 자기의 대 죄를 참회하는 회개로만 된다. 대 제사장은 대 속죄의 그림자요, 오직 예수 그리스도만 인간의 모든 죄를 어느 때든지(7월 10일이 아니라도) 대속하실 수 있는 참 실상이시다.

일곱째, 초막절(33~44절)

오순절은 칠칠절, 맥추절로 초막절은 장막절, 수장절, 추수감사절 등 4가지 이름으로 되어있다. 초막절은 종교력으로 7월 15일부터 한 주간동안 지키는 절기다(34, 36, 39-41절). 이 절기가 돌아오면 광야로 나가 7일 동안 초막을 짓고 거하면서 출애굽 당시 광야에서 장막을 짓고 생활하던 것을 추억하며(42-44절) 하나님께 번제, 소제, 희생제물, 전제를 드렸다(37, 38절).

또한 한 해의 모든 농산물의 추수가 끝나가는 한 주간 초막절을 지켰는데 늦가을의 모든 곡식을 거두어들인다고 하여 수장절, 추수감사절이라고 했다. 초막절의 첫날과 끝나는 날에는 모두 안식하고 성회를 열었다.

초막절이 주시는 영적 교훈과 구속사 진리 복음의 의미는 다음과 같다.

(1) 구약시대 이스라엘 백성은 가나안 땅에 들어갈 때까지 40년 동안 행인 같은 나그네 생활을 했다(렘 14:8). 그리스도인도 대망하는 천국에 들어갈 때까지 행인과 나그네이다. 그러나 주님과 함께 나그넷길을 걷다 보면 마침내 주께서 마련해 주신 영원한 가나안, 천국에 이를 것이다(히 11:13-16).

(2) 가나안 땅에 들어가서 오순절에 거두어들이는 곡식이나 초막절(장막절)에 수확하는 모든 소출, 생산물은 하나님께서 주시는 것이다. 지금도 하나님께서는 우리로 거두게 하심으로 풍족하게 하신다. 이는 그리스도 안에서 구원의 풍성함을 가리킨다.

(3) 신약시대 유대인에게는 첨가된 예식이 있으니 매일 아침 제사 드릴 때, 제사장이 정금으로 만든 물병에 실로암 물을 길어 와서 포도주를 번제단 서편에 붓는 것이다. 예수님은 "명절 끝날 곧 큰 날(초막절, 제8일)에 누구든지 목마르거든 내게로 와서 마시라" 하셨으니 주님의 영생수를 말씀하신 것이다(요 7:37-38, 계 22:1-5, 17절).

(4) 신약시대 장막절은 영혼의 추수기로 옥토에 떨어진 씨에서 30, 60, 100배의 결실을 얻는다(마 13:8, 23절).

(5) 구속사적으로 장막절(초막절)은 영혼의 마지막 추수기로 거둘 것이 없는 가라지는 먼저 화염불 속에 던져지지만(마 3:12, 13:28-29), 알곡은 천사들의 손에 거두어져서 영원히 천국 창고에 들이게 된다(마 13:30). 천사의 수종이다(히 1:14).

(6) 초막절(장막절, 추수감사절)은 만왕의 왕, 만주의 주로 오시는 예수님에 의하여 하나님과 인간의 화해, 우주 만물의 통일(엡 1:10, 골 1:16-20), 성도와 피조물의 모든 구원이 완성되는 그날이다(살전 5:1-11, 벧후 3:8-13).

◈ 초실절, 맥추절, 추수감사절 ◈

레위기 23장에 기록된 일곱 절기 중에서 먼저 안식일은 신약의 주일, 초실절은 맥추절, 초막절은 추수감사절이 되었다. 때로 유월절(무교절)은 주님에 의해 성찬 예식이 되지 않았는가, 하는 신학의 담론(談論·discussion)도 있으나 반드시 그렇다고 할 수는 없다. 모형은 있으나 같다고는 볼 수 없으니, 마치 구약의 나팔절이 그리스도의 재림과 같다고 할 수 없음이다. 초실절, 맥추절, 추수감사절 절기는 신약시대에 어떤 영적 의미(구속사적인 뜻)가 있는가?

1. 하나님의 절대적 주권 의식이다.

하나님께서 모세를 통하여 초실절(23:9-10), 오순절(맥추절)(23:16-19), 초막절(장막절, 추수감사절)에(23:37-40) 첫 곡식(첫 열매), 첫 소산을 하나님께 먼저 드리라고 하셨다. 이는 하나님의 절대적 주권의식으로 가나안 땅의 모든 것은 하나님의 것이요, 하나님의 소유물이라는 말씀이다(대상 29:10-17, 대하 20:6-7, 시 104편). 하나님은 천지 창조의 주재자시니 이 세상에 어느 것 하나도 하나님의 것 아닌 것이 없다(창 1장, 시 8편, 19:1-6). 우리 또한 하나님의 것이다. 하나님이 달라고 하시면 다 드릴 수밖에(롬 11:36).

2. 하나님 제일 공경 신앙이다.

(1) 맏아들(장자)을 드려라(출 13:1-2, 12, 13, 15, 22:29).
자식이 아니라 하나님이 우선이니 하나님부터 공경하라는 명령이다.

(2) 첫 새끼를 드려라(27:26, 출 34:19).
소 떼와 양 떼가 우선이 아니라 하나님이 제일이니 하나님부터 섬기고 공경해야 한다. 십일조부터 떼어 놓고 생활비를 사용하는 것도 하나님 제일 공경 정신이다.

(3) 첫 소산물을 드려라(출 23:19, 34:26, 민 18:12, 느 10:35-36).
농산물이 우선이 아니라 하나님 공경이 제일 신앙이라는 것이다. 예수님도 하나님 먼저 공경하는 것이 참된 신앙이라고 가르치신다 (마 6:24, 눅 16:13).

3. 하나님의 청지기 사명이다.
태초에 하나님께서 천지 만물을 주신 것은 소유가 아니라 경작과 관리였다. "모든 것을 다스리게 하자"(창 1:26, 28, 2:15). 아담과 하와가 하나님 앞에 범죄한 원인도 하나님이 창조하신 만물 중에 경계하신 것까지(창 2:17) 탐하여 자기 소유로 만들려고 하는 데 있었다 (창 3:5-6). 물론 가나안 땅은 조상 적부터 이스라엘 백성에게 언약하신 땅이다. 그러나 분명한 것은 그 땅에 오시는 메시아의 영원한 땅이었지만 땅의 소유권 자체가 이스라엘에 주어진 것은 아니었다(신 30:15-18 참조).

다만 이스라엘은 메시아가 오실 때까지 그 땅의 관리자일 뿐이다. 그렇기 때문에 그 땅의 소산물도 하나님의 것이니 하나님께 바치라는 것이다. 하나님의 아들 예수님도 가나안 땅(팔레스타인·Palestine)에 대해 말씀하시면서 가나안 땅은 영원히 하나님의 것이요, 그 소유권이 하나님께 있고 이스라엘은 다만 그 땅을 빌려 쓰는 소작인이다. 그래서 하나님께서 농부에게 보내신 하나님의 아들에게 마땅히 소작료를 지급해야 한다. 만약 그렇게 하지 않으면 그에 대한 책망과 심판을 받게 될 것이다. 청지기에게 경고하신 말씀이다(마 21:33-46, 막 12:1-12, 눅 20:9-19).

지금 우리가 사는 땅, 소유물, 건강, 직업, 직분도 하나님의 것이다. 우리는 다만 하나님의 영광을 위하여 쓰임 받는 청지기일 뿐이다. 그러므로 충성하면서 낮아지고, 잘 되어도 겸손해야 한다. "우리는 무익한 종이라 우리가 하여야 할 일을 한 것뿐이라 할지니라"(눅 17:10). 청지기 된 자의 마땅한 도리다.

4. 궁핍한 자와 가난한 자를 도와야 한다.

하나님께서 이 땅에 가난하고 궁핍한 자를 남겨 두신 것은 그들에게 선행을 베풀기 위함이라고 하셨다(신 15:8-11). 모세오경에는 궁핍한 자들을 도우라는 말씀이 많다(19:9-10, 23:22, 신 14:28-29, 16:9-11, 24:19-21, 26:12). 특별히 맥추절과 추수감사절에는 더 많이 언급된다.

(1) 맥추절(오순절)에 가난한 자들을 돕는 것은, ① 밭곡식을 다 베지 말고 ② 떨어진 곡식은 줍지 말며 ③ 포도원의 열매를 다 따지 말고 ④ 감람나무를 떤 후에 그 가지를 다시 살피지 말라(19:9-10, 23:22, 신 24:19-21)고 하시면서 그 이유는 고아와 과부, 나그네, 가난한 자와 거류민을 돕기 위함이라고 하셨다.

(2) 추수 절기(초막절, 수장절, 장막절)는 7일 동안 계속되는데 그때 나온 헌금은 가난한 자와 궁핍한 자에게 모두 나누어 주었다. 또한 3년 동안의 모든 십일조는 예루살렘 성전에 드리지만, 매 3년 끝에 그 해 소산의 십 분의 일은 성읍에 저축하여 분깃이나 기업이 없는 레위인과 객과 고아와 과부에게 나눠 주고, 먹게 하라고 하셨다(신 14:28-29). 그 때문에 가난한 자들은 맥추절과 추수감사절(초막절)을 손꼽아 기다렸다.

※ 제22강(23:1-44)은 설교자들이 몇 주일 혹은 일곱 절기로 나누어 설교하는 것도 좋은 방법이다.

제 23강 성물의 관리와 신성 모독자 처벌

본문 : 레위기 24장

레위기 23장은 이스라엘 백성이 성회로 모여 지켜야 할 하나님 일곱 절기의 기록이다. 레위기 24장에는 ①등잔과 진설병에 관한 규례(1-9절) ②제3계명을 어긴 자의 처벌(10-16절) ③살인 및 상해죄에 대한 배상법(17-23절)이 언급되어 있다.

이미 성막 제도에 관한 규범은 출애굽기 25-40장에 상세히 기록했다. 등잔불과 진설병에 대한 기록을 다시 상기하는 것은, ①등잔에 들어가는 기름과 진설병을 만드는 재료인 밀가루는 백성들로부터 공급되어야 하므로 하나님께서 모세에게 명하여 가져오라 하셨다(출 29:38-42, 민 28:1-8). ②성소 안에 있는 일곱 가지의 금 등잔대 불은 꺼지지 않게 켜라는 명령이다. 그 등잔불은 "저녁부터 아침까지 항상 여호와 앞에 그 등불을 보살피게 하고"(출 27:21), 아침마다 등잔대를 청소하고 그 등잔에 새 기름을 넣어야 했다(출 30:7-8).

특히 레위기 24장에는 혼혈족 아이들이 여호와의 이름을 모독하며 저주하는 제3계명의 신성 모독죄가 나온다. 회중의 돌에 맞아 처형을 당했다.

첫째, 등잔불과 진설병에 관한 규례(1~9절)

(1) 등잔대의 등잔불

성소 안에 비치된 등잔대에 일곱 개의 등잔이 있으며 제사장이 꺼지지 않도록 관리해야 한다(출 25:31-40, 27:20-21, 37:17-24 해석과 설교문 참조). 등잔대는 성령을 상징하는데 촛대는 우주적 교회의 총칭이며, 지상에 있는 모든 교회를 가리킨다(계 1:20). 등잔이 있으면 반드시 그 촛대에 불이 켜져 있어야 하는 것처럼 교회마다 주 예수 그리스도의 구속사 진리의 복음이 밝게 빛나야 한다. 또한, 한 개의 촛대가 일곱 가지로 연결된 것처럼 세상에 있는 모든 교회는 한 분 주님 안에 연결되어 한 몸, 한 교회가 되어야 한다(엡 4:4-6, 13절). 만약 성소의 등잔불이 대제사장(아론)이나 제사장(아론의 두 아들)의 관리 부족과 부주의로 꺼진다면 이스라엘 백성의 생명도 꺼진 것이다.

이처럼 교회의 생명은 성령의 등잔대로, 기름 부음이 없이는 구속사 진리 복음의 빛이 드러날 수 없다. 이는 성령의 오심에 대한 진리를 제자들에게 강론하신 그리스도의 증언에서 드러난다(요 14:16, 19, 26, 15:26, 16:13-14). 성령은 증언자들이 교회 강단에서 오직 예수 그리스도의 구속사 복음을 증거 할 때, 더욱 밝은 빛이 드러나서 크게 비추어 주신다(행 1:8, 4:23-31, 5:29-32). 성령은 이 세상에 진리의 복음을 증언하려고 오셨다(요일 5:5-7).

(2) 떡 상의 진설병

성소 안에 등잔대와 나란히 떡 상이 있고, 그 위에 한 줄에 여섯 개씩 두 줄로 가지런히 떡이 놓여있다. 성소의 떡 상위에 진설된 열두 개의 떡은 이스라엘 열두 지파를 가리킨다. 구약에서는 구속사 선지자들이 전하는 메시아 초림의 진리 복음을 가리키고, 신약시대는 구속사를 완성하시는 주 예수 그리스도를 믿을 때 구원되는 영생의 복음을 가리킨다(출 25:23-30, 37:10-16, 진설병에 대한 구속사 성경 해석 참조).

재론하면, ①진설병은 곡식을 맷돌에 갈아서 열한 번 체질하고 고운 가루로 반죽한 후 동그랗게 만들었다(Talmud). 하나님 말씀의 정확성, 순전성을 가리킨다. 그러나 고운 가루에 '정결한 유향'은 넣으나 누룩은 절대 넣지 않는다. 하나님 말씀의 순결하고 무흠하심을 가리킨다. 실로 예수님은 죄가 없으신 무흠하신 분이다(고후 5:21, 벧전 2:22). 우리 인간은 죄 덩어리였으나 예수님을 믿음으로 모든 죄를 사함 받고 무죄한 자가 된 것이다(롬 5:17-19).

② 진설병은 안식일 전날, 한 주간 놓였던 것을 교체하고 새로운 떡을 안식일 전날까지 떡 상에 두어 항상 신성하게 했다. 예수님 말씀의 떡은 언제나 새로운 진리로 신성하게 하신다(마 7:28-29, 요 6:35, 51, 54-57). 예수님 자신이 진설병이시고 순수한 떡이시다.

③ 교체된 진설병은 제사장과 그 가족 중에 남자만 먹었다. 먹는 곳은 '거룩한 곳' 회막이었다(6:16-18, 24:9). 예수님은 구약의 예

언자가 교체된 하나님 말씀의 본질이다. 이제 선지자의 예언은 지나 갔고, 실상이신 말씀의 떡이 우리에게 오셨다. 그러나 그리스도의 진 설병도 구별된 자가 아니면 아무나 먹을 수 없다(요 6:60-71).

④ 진설병을 먹고도 저주받지 않고 산 자가 있다. 바로 다윗이다 (삼상 21:1-6, 마 12:1-8, 막 2:23-28, 눅 6:1-5). 다윗은 금기 의 떡을 먹고도 죽지 않았다. 그 성소에 있던 진설병을 먹지 않았다 면 굶어 죽었을지도 모른다. 다른 사람이 먹으면 신성 모독죄로 화 를 받아야 하는 진설병이 오히려 다윗에게는 생명의 양식이 되었다. 왜 다윗에게만 생명의 양식인가? 다윗이 죽으면 그리스도가 이 세상 에 오실 수 없기 때문이다(사 11:1, 10 마 1:1). 그러므로 다윗은 자 기 자손으로 오실 메시아 예수님의 구속사를 이루기 위해 자기 육체 로 실천한 것이다. 진설병을 먹은 것은 영적으로 예수님을 먹는 것이 다(요 6:53, 58).

⑤ 진설병이 성소에 계시는 예수님 말씀의 구속사 떡이라면, 법궤 (증거궤)는 지성소에 계시는 그리스도의 모형이다. 다윗 왕이 이스라 엘 백성 가운데 뛰어난 군사 삼만 명과 유다로 가서 하나님의 법궤 를 자기 왕궁에 모시려고 한 것은 메시아 현존의 실상을 보는 것처 럼 생각했기 때문이다(삼하 6:1-2). 그렇다면 하나님의 법궤가 바로 육신을 입고 우리 가운데 오신 분, 그리스도라고 논지할 수 있다(요 1:14-18).

또한 누구도 먹어서는 안 되는 진설병을 다윗이 달라고 할 때, 제 사장 아히멜렉은 서슴치 않고 주었고, 다윗 또한 개의치 않고 먹었다. 이는 그의 마음속에 오시는 메시아의 현존 실상이 다가왔기 때문이다. 이렇게 진설병이나 법궤는 모두 다윗과 깊은 관계가 있다. 오시는 메시아 예수 그리스도는 다윗에게 계시 언약의 실존이 되신다(히 11:1-3).

둘째, 신성 모독자의 처벌(10-16절)

하나님께서 모세에게 등잔불과 진설병에 대해(1-9절) 말씀하실 때, 돌발적으로 생긴 사건으로 하나님의 신성 모독자에 대한 처벌이다. 이 같은 사건은 안식일에 나무를 하다 제4계명을 어긴 자의(민 15:32-36) 처벌에서도 나타난다.

여기 신성 모독자는 순수 혈통의 선민 이스라엘 백성이 아니라, 유대인 어머니와 애굽인 아버지를 둔 혼혈아였다. 이방인과의 통혼은 족장 시대부터 금지해 왔다(창 24:37). 율법에도 금지되어 있었으나 (출 34:16, 신 7:3) 선민들이 애굽에서 430년 이상을 거주하는 동안 상당히 만연했을 것이다. 그래서 히브리민족만 출애굽 한 것이 아니라 이방 민족도 같이 나온 것이다(출 12:38).

그런데 애굽 혼혈아와 선민의 싸움이 신앙 문제로 번져 이 애굽인이 여호와의 이름을 모독하며 저주했다는 것은 심상치 않은 일이다. 영적 교훈은 무엇인가?

(1) 혼혈아 어미의 부실한 신앙교육이다. 이스라엘의 딸로 우상 족속인 애굽인과 결혼한 것은 타락의 시작이라 할 수 있다(창 6:1,

5-7절). 자녀 교육은 신앙으로 바르게 시켜야 한다(신 5:11, 6:4-9). 부실한 신앙 교육으로 자식이 하나님의 계명을 어긴 것이다.

(2) 하나님의 성호를 무시한 것이다. 애굽의 태양신 '라'를 높이 부르며 칭송했으나 애굽에서 430년 종살이를 하게 한 여호와의 신은 노예의 신으로 하찮게 여긴 것이다. 그것이 습성이 된 애굽의 자식은 이스라엘 백성들 속에 있으면서도 고치지 못했다.

(3) 본 말이 전도된 것이다. "너는 이웃과 다투거든 변론만 하고 남의 은밀한 일은 누설하지 말라 듣는 자가 너를 꾸짖을 터이요, 또 네게 대한 악평이 네게서 떠나지 아니할까 두려우니라"(잠 25:9-10)라고 했다. 서로 말다툼만 하면 됐지 전혀 상관하지 않을 신앙 종교 문제까지 가서 하나님의 이름을 모독했는지 모르겠다. 이에 대하여 이스라엘 사람도 잘했다 할 수 없으니 자기 한 사람으로 인해 하나님이 모독을 당했기 때문이다.

(4) 하나님의 사랑과 메시아 예수님에 대한 은혜를 배반한 것이다. 하나님의 진노로 멸망하는 애굽을 떠나 구원받은 이스라엘 백성의 한 일원이 되었다면 이제는 무가치한 애굽의 모든 우상을 버리고, 전능하신 하나님의 선민이 되어야 했다. 그러나 자기를 구원해 주신 하나님과 메시아 예수님을 스스로 배반한 것이다.

(5) 선택자가 아니었기 때문이다. 자기의 태양신 '라'는 하나님께 무너지고 몰락했다면 그 같은 거짓 신을 버리고 하나님께 돌아왔어야 했다. 아직도 몰락한 신, '라'를 섬기고 있다는 것은 구원될 여지가 없는 자였다. 본문 11절을 보면, 평소 혼혈아는 한두 번 여호와를 훼방한 것이 아니다. 습관적인 모독이었다. "이스라엘 여인의 아들이 여호와의 이름을 모독하며 저주하였다"로 되어 있다. 여기 '이스라엘 여인의 아들'이란 말씀은 원어에 한 번이 아니고 두 번 나온다. 어미의 자식 교육을 엄히 꾸짖는 말씀이다.

이 혼혈아가 ①하나님을 '모독(יִקֹּב · 와익코브 · blasphemed)' 했으니 이는 여호와의 이름을 무시하고 경멸했다는 뜻이다. 말 나오는 대로 모독한 것이다. ②하나님을 '저주(וַיְקַלֵּל · 와예칼렐 · with a curse)'한 것은 '하찮게 여긴다'는 뜻의 '칼랄'의 능동형으로 '…보다 경멸이 만들어 버렸다'는 상대성이 있는 저주였다. 이 자는 틀림없이 애굽의 신 '라'와 '여호와' 하나님을 비교하고 손가락질하면서 욕하고 저주했을 것이다. 그래서 듣다 못 한 무리가 이 혼혈아를 모세에게 끌고 왔고, 진영 밖으로 끌어내서 모세의 법대로 돌로 쳐죽인 것이다(신 17:2-7, 19:15-21).

셋째, 상해죄에 관한 규례들(17-23절)

동해보복법(同害報復法)에 관한 규례이다. 이 규례에 대해 출애굽기 21:12-36에 기록된 소위 '탈리오 법칙'(Lex Talionis 『Latin for "law of retaliation"』)이다. 다시 나오는 것은, 하나님의 명령이 모세에게 내려지므로 더 큰 복수의 악순환을 미리 막으려는 것이다. ①인간 생명의 존귀성 ②사회 윤리 질서의 함양 ③가나안 땅의 구속사를 이루기 위하여 평화 공존과 화해·화목으로 초청하시는 예수님의 화평주의를 가리킨다. 이에 대한 성경해석과 설교문은 출애굽기 21:23-25과 신약 주석 마태복음 5:38-42에 있다. 재론하면, 소위 이의 복수, 눈의 복수, 상처의 복수는 그만큼으로 끝나는 것이 아니라 그 이상의 복수로 확대되기 때문에 아예 처음부터 예수님의 아가페(Agape) 사랑으로 용서해 주는 것이 최상의 복수법이다.

제 24강 안식년과 희년의 구속사

본문 : 레위기 25장, 신명기 15:1~18

레위기 21~24장이 국가 제사의 성화라면, 25장은 국가 정치의 성화이다. 원래 고대 이스라엘은 하나님이 다스리고 주관하시는 신정 국가(神政國家)였기 때문에 금세기의 국가들처럼 정치와 종교가 따로 구분된 것은 아니었다. 오히려 신정 제도가 정치의 근본이었다. 그래서 레위기 25장에 나오는 안식년, 희년도 유대교적으로 보면, 종교 문제가 아니라 오히려 히브리 민족의 정치제도였다.

특히 49년 만에 한 번씩 돌아오는 희년 제도는 정치적인 사회 문제와 경제적인 빈부의 문제, 그리고 신분의 문제 즉, 주종(主從)의 인권 문제였다. 비록 이 희년 제도가 고대 이스라엘에 바로 정착되지 못했기 때문에 바벨론 포로 70년의 고통을 당했다 해도 어쩌면 자기 백성들 가운데 오실 메시아 예수 그리스도의 구속사 진리 복음의 근거가 된 것이다. 안식년과 희년을 예수 그리스도의 무궁한 왕국에서 실현될 것이라는 믿음이다.

본 장의 내용은 ①안식년 제도(1-7절) ②희년 제도(8-22절) ③토지와 가옥에 대한 규례(23-34절) ④동족의 대우에 관한 규례(35-55절)이다.

첫째, 안식년 제도(1~7절)

하나님께서 제정해 주신 안식일과 안식년 그리고 희년 제도는 모두 '7'을 한 단위로 정해 주신 것이다. 이는 모두 하나님 천지창조의 완성 기간인 7일에서 유래한 숫자다. 실로 하나님의 6일 창조의 대역사(창 1:31)가 아니고는 있을 수 없는 완전수의 7일이다. 그렇기 때문에 예수 그리스도의 십자가 죽으심은 6일이었고, 다시 사심은 엿새가 지난 제7일에 완성된 구속사였다. 그러므로 성도들도 그리스도를 본받아 6일은 믿음의 삶으로 예배를 드려야 하고, 제7일은 하나님께 영적 예배를 드려야 온전한 예배가 되는 것이다(요 4:24, 롬 12:1-2).

하나님께서 이스라엘 백성에게 가나안 땅에 들어가 씨를 뿌리고 거두는 6년이 지나고 제7년이 되는 해에는 농사를 짓지 말고 안식년으로 정하여 토지를 쉬게 하라고 하셨다(2-5절). 그때 땅에서 저절로 나오는 소출은 '네 종과 네 품꾼과 나그네와 가축과 네 땅에 있는 들짐승'이 먹도록 하셨다. 저절로 맺은 과실도 마찬가지다(5-7절).

'7'을 완전한 개념의 수로 본다면 출애굽 당시 광야에서도 나타났다. 하나님께서 6일 동안 만나를 내리시면서 6일째만큼은 제7일 안식일 몫까지 갑절로 주셨고 안식일은 쉬게 하셨다(출 16:21-30). 하루 정도는 만나를 거두지 않고도 이미 거둔 것으로 안식일의 식량을 보충할 수 있지만, 무려 1년 동안 아무 농사가 없다면 무엇으로 한 해 동안 먹을 양식을 채울 수 있는가? "우리가 무엇을 먹으리요"

(20절). 그러나 이것은 하나님 없는 자들의 염려로 믿음 없는 걱정이다. ①하나님께서 그것까지도 마련해 놓으셨다(21-22절, 마 6:25-33). ②기도하면 하나님께서 다 주실 것이기 때문이다(출 14:10-14, 15:24-26, 16:12-18, 17:4-7). ③안식년의 일 년뿐만 아니라 앞으로 광야에서 40년 동안 아무 준비가 없어도 하나님께서 아침에는 만나, 저녁에는 풍성한 메추라기를 주실 것이기 때문이다(출 16:13-36).

안식년의 구속사 의미는 무엇인가?

(1) 성부와 함께 천지 만물을 창조하신 예수님은(창 1:1-3, 잠 8:22-31, 요 1:3, 요일 1:1-4) 언약의 땅 가나안에서도 모든 만물을 주관하시고 다스린다는 것을 가리킨다. 가나안의 주신(主神)은 바알과 아세라가 아니라 그리스도이시다.

(2) "사람이 떡으로만 살 것이 아니요 하나님의 입으로 나오는 모든 말씀으로 살 것이라"(신 8:3, 마 4:4, 요 4:32) 하신 예수님의 말씀을 이루는 것이다.

(3) 세상에 오실 메시아는 자기 백성뿐만 아니라 나그네와 심지어 동물까지도 은혜를 베푸신다(6-7절).

(4) 긍휼과 인애가 크신 독생자는 비단 인간에게만 안식과 7년 안식년을 주시는 분이 아니라 대지(大地)에도 쉼을 주어 땅이 자양분을 얻고, 자력(自力)을 높이고, 원활하게 해 주신다(마 11:28-30 참조).

(5) 언약의 땅 가나안에서 이루어지는 안식년은 모세에게 주신 약속이 아니라 모세보다 먼저 계셨던 3대 족장 아브라함, 이삭, 야곱에게 주신 영원한 언약이다(창 12:7-8, 13:15-17, 15:16-21, 17:8, 26:1-4, 28:13-15).

(6) 가나안의 안식년은 오시는 메시아 구속사의 안식으로 그 땅에서 그리스도와 함께 영원무궁한 안식을 누릴 것인데 가나안은 메시아의 도래로 영원히 이루어질 천국을 예표하기 때문이다(히 4:8-13, 11:13-16).

(7) 하나님께서 모세에게 주시는 가나안 땅의 안식년은 선민 이스라엘에만 주시는 표면적인 단순한 안식년이지만, 그러나 우리 주 예수님께서 주시는 구속사의 안식년은 실로 우주적이며, 믿는 자는 누구든지 영원한 안식을 누리게 되는 천국이다(롬 8:18-25, 엡 1:7-12, 골 1:16-23).

(8) 하나님께서 자기 백성에게 사랑과 은혜로 값없이 주시는 가나

안 땅의 안식년이라도 불순종하고, 거역한 백성들은 광야에서 다 죽었다(민 14:26-38). 지금 우리에게 무궁한 천성의 안식이 남아 있을지라도 불순종하는 자는 안식에 들어오지 못한다(히 4:1-9).

둘째, 희년 제도(8~17절)

대 속죄일부터 시작되는 7년의 안식년이 매년 일곱 번째가 되면 49년, 희년이 된다. 49년이 지난 7월 10일은 대 속죄일이므로 이스라엘 전국에 나팔을 불어 희년이 된 것을 선포해야 한다(9절). 희년이 되면 49년 동안 얽매여 있던 모든 것으로부터 자유롭게 된다. 부채로 상실했던 기업을 다시 찾고, 종들은 풀려나서 가정으로 돌아가고, 모든 빚은 탕감 받고, 죄수들도 자유를 갖게 된다.

그리고 안식년처럼 ①밭에는 씨를 뿌리지 말고 ②각종 과일나무의 열매를 따지 말고 ③곡식은 추수하지 말고 그것을 가난한 자, 고아와 과부, 나그네, 객, 품꾼의 것이 되도록 해야 한다(5-7절). 희년 제도의 성격은 다음과 같다.

(1) 희년의 어원적 의미

출애굽기 19:13에 근거하여 '나팔' 이라고 번역된 '하요벨(הַיֹּבֵל)'은 본문의 요벨과 같은 어근인 것으로 보아 본문의 요벨도 '숫양의 뿔(שׁוֹפָר · 쇼파르, 25:9)' 이라는 뜻이다. 이것은 숫양의 뿔로 만든 나팔을 불어 전국에 희년이 시작되었음을 알렸기 때문이다. 그래서 일반 백성은 희년을 '요벨의 해' 라고 했다. 영어로는 '환희, 경축, 기쁨'의 의미가 있는 jubilate(환호성), jubilation(큰 기쁨, 환희)으로 쓰였다. 독일어는 jubelaor(경축하는), 한자는 시희년(示喜年), 즉 좋은 해라는 뜻이다. 어찌 그렇지 않은가? 채권자, 주인의 허락이 없이도 부채에서 벗어나고, 노예 생활의 종지부를 찍고 완전한 자유인이 된 것이다.

(2) 희년의 해

안식년이 일곱 번이 되는 해 곧, 49년째 되는 해의 대 속죄일에서 그다음 해 대 속죄일 까지 만 1년이다(로마 달력과 민간력은 1월 10일이다).

(3) 희년의 제도

①안식년을 일곱 해로 반복한 것이다(8절) ②빚진 자의 채무가 소멸한다. 예수님도 말씀하셨다(마 18:23-25, 눅 7:40-43). ③종은 주인에게서 해방된다. 그러나 주인과 평생 함께 있을 경우의 법규는 출애굽기 21:1-6에 있다. ④다른 사람의 소유가 된 땅이나 집, 그리고 건물은 원래 주인에게 돌려진다.

(4) 희년의 교훈

①언약의 땅 가나안의 원주인은 하나님이시다. ②언약의 땅에 대한 자비는 인간뿐만 아니라 산천초목까지다. ③언약의 땅에 오시는 메시아로 한 권속이 된다. ④언약의 땅의 화목과 해방과 자유는 메

시아로 말미암아 누리는 자들만 들어갈 수 있다. 누구든지 불순종하면 언약의 땅에 들어갈 수 없다.

셋째, 토지와 가옥에 관한 규례(23-34절)

(1) 토지에 관한 규례

자기에게 주어진 토지를 팔 수 없는 것은 토지는 하나님의 소유이고(23절, 신 32:43, 시 85:1, 사 45:7-8), 조상들로부터 받은 지계표(지계석)이기 때문이다(신 27:17, 잠 22:28, 23:10). 그러나 어쩔 수 없이 팔았다면 ①자신이 빨리 찾든지(26-27절) ②가까운 친척이 찾아 주던지(23-25절) ③희년까지 기다리는 것이다(28절).

(2) 가옥에 관한 규례

원칙적으로 가옥은 팔 수 없다. 왜냐하면 가옥은 토지와 같기 때문이다. 그러나 어떤 경로로 팔았다면 ①1년 안에 다시 찾아야 한다. ②다시 찾을 수 없을 때는 영원히 산자의 소유가 되고, 희년에도 찾을 수 없다. 그러나 레위 지파의 경우에는 언제든지 다시 무를 수 있었다(32-34절).

넷째, 동족 · 동포에 관한 규례(35-55절)

아담이 절대적 행위 계약(창 2:17)을 범하고 타락하여(창 3:1-7) 하나님으로부터 추방당해(창 3:24) 자기 생계를 책임지고 살게 되면서부터 인간 사회에 빈부 격차가 생긴 것이다. 이는 한 부모 슬하에 있는 형제지간도 예외는 아니다. 그럴 때 선민 이스라엘은 어찌해야 하는가?

(1) 꾸어준 돈이나 물질에 대해 이자를 받지 말라(35-38절). 출애 굽 당시는 다 같은 형편이었기 때문이다.

(2) 형제를 노예로 삼지 말라. 왜냐하면 이스라엘이 애굽에서 노예로 있을 때, 하나님이 건져내어 자유를 주셨기 때문이다. 그러나 이 방인은 노예로 삼을 수 있다(39-40절).

(3) 이스라엘 백성이 이방인의 종이 된 경우에는 토지의 경우와 같이(23-28절) 부유한 친족이 노예 된 자를 사서 일꾼으로 부리다가 그가 스스로 풀려나거나 희년이 되면 해방하라고 하신다(47-55절).

◈ 희년의 구속사 ◈

역사적으로 히브리 민족에게는 49년마다 한 번씩 돌아오는 희년이 있다. 희년은 이스라엘의 종교력으로 7월 10일, 대 속죄일이 되면 전국에서 제사장들이 숫양의 두 뿔로 만든 양각 나팔을 부는데 그날부터 그 이듬해 7월 대 속죄일까지 일 년 동안이 희년이다. '희년(禧年·jubilation)'이란, '기쁘고 즐거운 날'을 경축하는 환희의 해라는 의미다. 그 의미는 모든 백성에게 안식과 해방과 자유를 주기 때문이다. 희년의 구속사 의미는 무엇인가?

1. 언약의 땅 가나안의 축복이다.

하나님께서 시내 산에서 너희가 언약의 땅 가나안에 들어가거든 6년 후에는 안식년을 지키고, 49년 후에는 희년(禧年)을 가지라고 하셨다. 그렇게 하나님으로부터 가난과 빈궁에서 벗어나고, 억눌린 자가 자유를 찾으며, 노예가 해방되는 법 제도는 그 시대 우르남무 법전(B.C.2100), 에쉬나 법전(B.C.2000-1800), 함무라비 법전(B.C.1728-1676)에도 없었다. 모두 고대 국가 사회의 도덕과 윤리 질서를 세우는 규정법이지만 법적 사유 재산을 내놓는 것과 더구나 그 시대 사회법의 사유 재산으로 인정된 노예를 해방하여 자유인으로 만들어 준다는 것은 어느 나라 법에도 없었다.

고대 세계에서 가장 사회법의 윤리와 도덕 질서가 바로 세워졌다는 함무라비 법전에도 그 같은 내용은 없다. 지금까지 전해오는 함무라비 법규가 33개 이상이 되지만 희년 같은 은혜와 자비로운 법은 없다. "생명은 생명으로, 눈은 눈으로, 이는 이로, 손은 손으로 발은 발로"(출 21:23-25, 마 5:38) 같은 법규는 함무라비 법전에도 나온다. 그러나 희년법과 같이 긍휼과 탕감과 노예 해방은 없다.

희년 제도는 하나님의 창조 이후 오직 이스라엘에만 있는 유일무이한 사랑의 법이다. 그렇다면 왜 하나님께서 언약의 땅 가나안에서 이 같은 희년 제도를 주셨는가? 그곳에서만 천하 만민과 우주 통일을 이루려고 오시는 메시아가 계실 것이기 때문이다. 메시아가 이 세상에 오시는 것은 하나님의 영광을 회복하고, 사탄을 무저갱 유황불 못에 던져 넣고, 인류를 구속하여 평화 공존의 세상을 만들기 위해서다(요 3:16, 엡 1:10, 골 1:13-17). 하나님께서 독생자 예수님을 언약의 땅 가나안에 보내서 안식년의 나라와 자비와 인애와 긍휼이 넘치는 희년 국가로 만들고, 이 세상의 장자(출 4:22)와 제사장으로 삼으려고 하신 것이다(출 19:5-6).

2. 그리스도 희생의 법이다.

희년이 되면 가난한 자, 궁핍한 자가 잃었던 자기 토지를 다시 찾고, 나그네, 고아, 과부가 일 년 동안 그 땅에서 무상으로 곡식을 가져가고, 노예가 해방된다. 얼마나 기쁘고 감사한 일인가. 그렇게 무산대중(無産大衆)에게는 큰 행운이겠지만 그것을 다 내주고 포기해야 하는 주인들은 얼마나 분하고 억울하겠는가. 아모스서에는 악덕업자, 고리대금 업자, 폭력자도 있지만(암 2:6-8), 근면 성실하여 부를 이룬 자도 있다. 그런 정직한 자들까지 희년 제도로 인해 토지를 돌려주고, 노예를 내 준다면 희년 제도가 결코 공의로운 규례만은 아니다.

희년은 '요벨(יוֹבֵל · jubilation)'로 '기쁨과 환희'이다. 이 기쁨과 감사와 환희는 어느 한 편만 주시는 것이 아니라 이스라엘 백성은 누구나 만족하고 기뻐하고 즐거워해야 한다. 그렇다면 자기 것을 다 내 주고 빼앗긴 자도 기뻐하고 만족할 것인가. 그렇기 때문에 하나님께서 자기의 아들 메시아를 언약의 땅 가나안에 보내신 것이다. 메시아 예수님은 희년을 자기 몸으로 실천하기 위해 자기 땅에 오신 '하나님의 어린 양'(요 1:29), '고난의 종, 여호와의 노예'(사 52:13-15, 53:1-3)이시다. 돌려주는 자, 찾아가는 자, 주인, 풀려나는 자, 고아, 과부, 나그네, 가난한 자 모두가 만족하고 기뻐하고 감사하는 희년이 되도록 메시아를 골고다 십자가에서 희년의 희생 제물로 삼으신 것이다.

희년의 '요벨'이 되기 위해서는 먼저 자기의 것을 내놓아야 한다. 이스라엘의 참 희년을 이루신 분은 예수님이다. 이 세상에서 가장 큰 희생을 감당하신 분은 하나님이다(요 3:16, 엡 2:1-10). 다음은 그리스도 자신이다(엡 2:11-18, 빌 2:5-8, 벧전 1:18-19). 하나님께서 요벨을 이루시기 위해 독생자를 보내신 것이다. 독생자는 자기 몸을 골고다 십자가의 희생 제물로 희년을 완성하셨다. 희년 때문에 자기 소유를 내 주고, 요벨을 위해 자기 노예를 해방한다고 분하고 억울한 생각이 들면 하나님을 보라. 그대의 희년을 위해 골고다 십자가의 길로 죽으러 오시는 어린양을 보라.

3. 그리스도 예수님의 영이 있어야 한다.

아무리 잃었던 것을 다시 찾고, 해방되는 자유의 몸이 되었다고 해도 그 만족과 기쁨이 얼마나 가겠는가? 예수님의 영이 없는 육체라면 잠시 잠깐의 해방일 뿐, 그의 영은 다시 죄의 노예가 되기 때문에 죽은 후에는 영원히 무저갱의 유황불 속에서 사탄의 노예가될 뿐이다. 그러므로 희년의 깊은 의미는 육체에 있지 않다. 가난한자, 궁핍한 자들이 자기 것을 찾았다고 해도 다시 게으르고 나태하면 또 다시 그의 소유를 잃게 될 것이다. 자기 영혼을 그리스도로 찾지 않으면 영적 거지가 되어 사후에는 거지(구더기)들이 우글거리는(막 9:48) 무저갱의 유황불 속으로 들어가고 말 것이다(계 19:20, 20:11-15).

하나님께서 이스라엘 백성에게 안식일을 주신 이유와 목적대로, 엿새 동안 수고하고 무거운 고통의 짐을 진 자들이 육체적으로 쉬고, 영적으로 하나님의 평안과 안식을 누리게 하신 것처럼(마 11:28-30) 희년을 주신 것도 물질적 고통과 육체적 고역에서 벗어나 예수님 안에서 영적 평안과 구원을 얻게 하시는 더 큰 뜻이 있다.

육적인 세상은 없는 자가 가진 자의 종이 되고, 있는 자는 없는 자의 주인이 되지만, 영적인 세상에서는 그리스도가 계시면 종이라도 자유인이다. 그러나 자유인(주인)이라도 예수님이 없는 자는 죄의 노예 일뿐이다(요 8:34, 롬 6:16, 20, 벧후 2:19). 하나님께서 자기 백성에게 주시는 희년은 육체에만 있지 않다. 장차 자기 백성과 온 인류의 구원을 위해 오시는 메시아를 믿음으로 영혼이 구원받아 장차 하나님 나라에서 이루어질 희년에 참여하게 되는 구속사에 있다.

4. 예수님 나라의 모형이다.

이스라엘의 안식년이 장차 예수님의 재림으로 천국에서 성취되는 안식의 모형이라면(히 4:1-3, 9-11절) 희년은 그리스도의 초림과 골고다 십자가의 피로 이루어질 영원무궁한 천국의 그림자다. 그렇기 때문에 장차 메시아의 나라, 가나안 땅에서 안식년을 지키는 자가 천국에서 영원한 안식을 누릴 것이고, 언약의 땅 가나안에서 희년을 지키려고 토지를 내주고, 노예를 해방하며, 가난한 자, 고아, 과부, 나그네, 이방인까지 영접하는 희년의 사람만이 예수님의 나라에 들어갈 수 있다.

그때 주님께서는 무거운 짐을 벗겨 주시고, 저주의 죄에서 해방해 주시며, 그가 땅의 희년에서 그랬던 것처럼 천사들을 시켜 먹여 주시고, 입혀 주시고, 큰 사랑으로 영접해 주실 것이다(마 10:40-42, 25:31-40).

제 25강 율법 순종의 축복과 불순종의 저주

본문 : 레위기 26장, 신명기 28:1~68

본 장은 성전(聖典)의 결론이고(17-27장), 본서의 결론이기도 하다. 내용은, ①율법 순종의 축복(1-13절) ②율법 불순종의 저주(14-39절) ③회개와 회복(40-46절)이다. 신명기 28장과 같다.

첫째, 율법 순종의 축복(1~13절)

하나님께서는 갈대아 우르에서 아브라함을 선택하여 선민 이스라엘의 조상으로 삼으신 것은 그 백성을 가나안 땅으로 인도하여 메시아의 신정국가(神政國家)를 세우기 위함이다. 선민 이스라엘이 복을 받는 길은 세 가지다. ①하나님의 말씀을 절대 순종하고 ②우상을 버리고 ③오시는 메시아를 대망하며 준비하는 것이다. 하나님께서는 아무리 우상을 섬기며 패역한 이방인도 죄 값으로 심판받고 멸망하는 것을 원하지 않는다(사 60:1-9, 62:1-5). 하물며 자기 백성이 범죄하고 멸망하는 것을 원하시겠는가. 설령 범죄 했더라도 회개하고 하나님께 돌아와 잘 살기를 원하신다(겔 3:17-21, 18:5-23, 30-32, 33:7-22).

아무리 하나님의 백성이라도 우상을 섬기고(1절), 안식일을 범하고(2절), 하나님의 규례를 멸시하며, 법도를 싫어하고, 모든 계명을 순종하지 않으면(14-15절) 하나님의 절대 공의(公義)로 심판 받을 수밖에 없다. 이스라엘은 바벨론에 망해 70년 동안 그 땅의 노예가 되었다. 그러나 그곳에서 회개하고 회복되어 다시 고국으로 돌아올 수 있었다(렘 25:12, 29:10).

(1) 우상 숭배

'우상(אֱלִילִם · 엘릴림 · idols, 1절)' 이란, 에릴(אֱלִיל)의 복수형으로 '아무것도 아니고' (nothing), '허무한 것이며' (be nonexistent), 그래서 전혀 '무가치한 것' (be worthless)이다. '주상(מַצֵּבָה · 마쩨바 · a standing image '기둥, 우상'의 뜻으로 동사 세우다, 고정되다의 나차브 נצב 에서 유래했다)' 은 돌을 세워 경배하는 것이고, '석상(אֶבֶן · 에벤 · stone statue)' 은 돌에 신의 형상을 조각하여 만든 것이다. 주상이 서낭당(성황당 · 城隍堂)이라면 석상은 불교다. 우상은 유일무이한 하나님을 모독하고(사 44:12-20) 그리스도의 형상과 모양으로 창조된 인간의 존재를(창 1:27, 2:7) 말살한다.

(2) 안식일

'안식일(שַׁבָּת · 솨바트 · sabbath)' 은 ①하나님 창조 기념일의 축제다. ②천국의 영원한 안식의 예표다. ③우리가 제4계명, 안식일을 지켜야 하는 것은 창조주 하나님께 예배드리면서 장차 예수 그리스도의 영원한 안식에 동참하는 하나님의 자녀인 것을 증명하는 것이다. 신약시대 주일성수는 모든 신앙의 근본적인 표증이고, 십일조는 성도의 모든 삶의 근원이다. .

(3) 하나님의 규례와 계명

'규례(חֻקָּה · 후카 · statute)'란, 하나님께서 지시하신 모든 신앙의 교리와 윤리적 행동의 지침으로 모세 율법이고, 하나님 백성의 삶을 가리킨다. 모세 율법의 규례와 계명과 전체 핵심은 오실 예수 그리스도의 구속사를 가리킨다(눅 24:27, 44, 요 5:39).

사신 우상을 숭배하지 않고, 안식일을 지키며, 하나님의 전체 규례·계명이 되는 메시아를 대망하며 기다리는 백성에게 ①농산물의 풍요(4-5절) ②가나안 땅의 평화(6-8절) ③ 번성하고 창대한 복(9-10절) ④메시아 언약의 구속사가 성취된다(11-13절).

둘째, 율법 불순종의 저주(14~39절)

마치 신명기 28장을 보는 것과 같다. 신명기 사상 전반부(신 28:1-14)는 순종의 축복이요, 후반부(신 28:15-68)는 불순종에 따른 저주이다. 이것은 모세 오경과 구약 전체 율법의 내용으로 지키는 자에게는 영과 육의 축복이, 지키지 않는 자에게는 저주가 따른다. 마치 이스라엘의 두 산이 나뉘어 그리심 산에는 축복, 에발 산에는 저주를 선포하는 것과 같다(신 27:11-26).

본문에는 불순종하는 자에게 7가지 저주가 있다. ①무서운 질병(16절) ②대적에 패망(17절) ③큰 기근(18-20절) ④맹수의 침입(21-22절) ⑤원수의 침범(23-26절) ⑥국가의 멸망(27-33절) ⑦대적의 포로(34-39절)이다. 그러므로 그 땅에는 육체의 쉼이 없어지고, 영혼의 평안과 구원도 사라진다(36-38절). 이 예언은 바벨론 포로 70

년 동안 그대로 되었다(애 2장, 4장). 하나님께서 불순종하는 자기 백성에게 이처럼 징벌하시는 것은 범죄의 가능성을 미리 차단하고, 하나님을 경배하고 섬기는 순수한 믿음을 주기 위해서다. 그리고 혹시 죄를 범해도 속히 회개하고 돌아오기를 바라는 마음으로 말이다.

본문에, '너희가 그렇게까지 되어도' 라는 회개의 촉구가 4번 나온다(18, 21, 23, 27절). 재앙의 목적이 회개에 있음을 암시하고, 회개하고 돌이키면 회복해 주시지만 계속 범죄 하면 더 큰 징계를 내리신다는 경고다.

24-39절을 보면, 형벌이 차츰 더 엄중해졌음을 알 수 있다. 이는 신명기 사상도 같은 것으로(신 28:1-68) 처음에는 개인적인 질병과 가정의 기근으로 시작하지만, 종국에는 나라와 민족의 패망으로 징벌이 강해진다. 모세오경의 율법뿐만 아니라 선지서 전체가 그렇다. 특히(아모스, 미가 참조) 하나님은 공의로운 신이기 때문에 하나님을 경배하며 순종하는 개인이나 사회, 국가는 번영하고 승승장구하지만 우상 숭배하고 불순종하면 선민 이스라엘이라도 용서하지 않는다(신 6:10-15, 7:1-11, 8:11-20, 9:3-5).

셋째, 회개와 회복(40~44절)

레위기와 신명기 신앙 사상을 보면 개인적 질병과 기근, 그리고 환란이 내 죗값인 줄 알고 바로 회개하면 매를 덜 맞는데 죄에 둔하고, 회개에 미련해서(창 3:11-13) 더 큰 징벌을 받고 영육이 망할 정도가 돼야 비로소 회개한다(히 12:5-13 참조).

본문에 보면 개인적 징벌과 가정의 기근을 당할 때 회개하지 않는 죄(16절)는 결국 장성하여 개인과 가정은 말할 것도 없고 사회와 국가·민족까지 다 망하여 이방의 포로가 되었을 때야(41-44절) 비로소 회개한다는 것이다.

이 미련한 죄악은 신명기(신 28:52-53, 64-68절)와 대선지서에도 나온다. ①이사야는 이스라엘이 멸망하기 150년 전의 선지자로 "너희가 여호와께 범죄하면 망한다"고 외치고 또 외쳤다. 그러나 그들은 듣지 않았다. ②예레미야는 이스라엘의 멸망 약 10년 전의 선지자로 이스라엘의 패망을 외쳤다. 그때라도 이스라엘은 회개하고 하나님께 돌아왔어야 했는데 오히려 더 큰 죄를 저질렀다. 결국 예레미아 선지자의 예언대로(렘 4:19-22, 6:1-15, 9:1-11, 32:26-44) 1차 바벨론 침략을 당하고 말았다.(왕하 25장, 대하 36:7-21). ③에스겔 선지자는 이스라엘이 포로 된 후의 선지자다(겔 1:1). 이스라엘이 바벨론 포로가 되어 노예가 될 때(70년 중, 30~40년경) 드디어 회개하기 시작했다. 백성들은 바벨론 그발 강가에 모였다. 그 강에서 선지자 에스겔에게 하나님의 계시가 임했고(겔 1:1-3, 3:12-15) 백성들의 참된 회개가 나오기 시작했다. 부모들은 가정에서 자녀들에게 이방의 노예가 된 것을 눈물로 실토했다.

회개의 통곡 소리를 들으신 하나님께서 응답하셨다(40-41절, 겔 36:22-36). 족장들에게 언약하신 대로(42절, 창 12:5-7, 13:14-17, 15:13-18, 17:5-8, 22:13-18, 26:2-5) 포로로 끌려간 지 70년 만에 다시 가나안 땅으로 귀환한다(44-45절, 렘 25:12-14, 29:4-14,

겔 37장). 본문은 신약의 성도에게 여러 가지 교훈을 주신다.

(1) 우상숭배를 하지 말라(1절). 안식일을 지켜라(2절). 계명을 지키고 행하라. 구속사의 신앙 안에서 영·육 간에 복을 받으라(3-13절).

(2) 하나님께 불순종하여 작은 징계가 올 때는 바로 회개하라(16절).

(3) 하나님이 사랑하는 사람도 죄를 지으면 반드시 징계를 받는다. 하나님은 공의로우신 분이기 때문이다(14-17절).

(4) 멸망 직전이라도 참된 회개만 하면 모든 죄를 다 씻어 주시고 회복 시켜 주신다(40-45절). 죄로 인해 망하는 자의 구원은 회개뿐이다.

제 26강 서원과 십일조 규례

본문 : 레위기 27장, 민수기 30:1∼16

레위기 27장은 부록으로 ①서원의 규례(1-29절) ②십일조의 규례(30-34절)이다. 27장이 레위기의 부록이라는 것은 26:46과 27:34이 같기 때문이다.

'서원(נֶדֶר·네데르·vow)'이란, '맹세하다, 다짐하다, 헌신하다'는 뜻의 '나다르(נָדַר)'에서 파생된 말로 하나님이 사람을 향한 언약이나 예언이 아니라, 인간이 하나님 앞에서 자발적으로 올리는 헌신의 약속이다. 일단 서원했으면 성실히 이행해야 한다. 이는 신약시대의 맹세와 같은 성격으로(마 5:33-37) 서원하고 지키지 않으면 죄가 되기 때문이다(민 30:2, 신 23:21, 시 50:14, 66:13, 76:11, 전 5:4-6).

구약시대에는 흔히 하나님의 영광을 위하고 다른 사람도 유익 되게 하고, 자기에게도 선한 일이 될 때는 어떤 목적을 두고 자기 서원을 들어 달라고 기도한다(삼상 1:10-11). 하나님의 뜻에 합당하면 그 서원을 들어 주셨다(삼상 1:19-20). 그때 서원한 자는 하나님께 기도한 대로 그 서원을 실천해야 한다(삼상 1:26-28).

왜 실천해야 하는가? ①하나님이 자기의 서원 기도대로 그 소원을 이루어 주셨기 때문이다. ②사람 간에 약속도 지켜야 하는데 하물며 하나님께 드린 약속은 말할 것도 없다. ③하나님이 그 서원을 기다리시기 때문이다(창 28:20-22, 35:1-3 참조). ④실천 없는 서원은 결국 하나님을 기만하는 것이 되기 때문이다. 그러나 실천이 있는 서원의 유익은 먼저 하나님과 사람 간에 우애가 돈독해지고, 다음은 의인의 간구는 역사하는 힘이 있다는 것을 체험하게 된다(약 5:16). 마지막으로 모든 사람에게 서원의 본을 보여줄 수 있기 때문이다. 서원을 취소하는 경우도 있다(민 30:1-16).

첫째, 사람과 가축의 서원법(1~13절)

이방인의 우상 제사에는 인신제사(人身祭祀)도 있으나(18:21, 20:1-8, 왕하 17:17, 대하 28:1-4, 33:1-6 참조) 하나님의 성전제사에는 절대 금지되었다. 사람을 하나님께 드리기로 서원하는 것은 있을 수 없음으로 자연히 가축이나 헌물로밖에 할 수 없다. 그래서 연령별로, 남녀 간에, 생활 정도를 분별하여 서원물을 드리게 한 것이다(1-8절).

(1) 억지로 드리는 서원금이 되지 않아야 한다(고후 9:7).

(2) 부자라고 많이 하면 자기 자랑을 하게 되고, 가난한 자라고 적게 하면 자격지심으로 마음을 상하게 된다.

(3) 자기 것으로 하나님께 드리는 것이 아니라 하나님께서 주신대로 드리는 것이다.

(4) 축복된 마음으로 서원해야 한다.

다음은 자기에게 있는 가축을 두고 서원하는 경우다. 양, 염소, 비둘기로 서원하는데 각자의 형편을 따라 한다. ①흠 없는 짐승이어야 한다. ②오래되지 않은 가축이어야 한다. ③드리는 자의 거룩함과 경건함이 있어야 한다. ④때로는 제사장이 정해 줄 수도 있다.

서원한 자가 그 헌물을 자기 마음대로 바꿀 수 없는 것은 자칫하면 하나님을 속이는 것이 되기 때문이다. 이런 경우, 반드시 제사장의 허락이 있어야 하는데 그때도 역시 흠 없고 일 년 된 양이어야 한다. 처음 서원한 가축보다 오분의 일을 더 보태라고 하셨다(9-13절). 어떤 서원물이라도 모든 정성을 다하라는 명령이다.

둘째, 가옥과 토지의 서원법(14~25절)

사람과 가축을 서원 제물로 드리는 경우에 이어 자기 집과(14-15절) 땅을 서원하는 경우다(16-25절). 가옥에 대한 서원 기도의 경우, 가축을 드리는 서원과 거의 같다(11-13절). 이 정도 서원의 예물을 드리는 자라면 생활 정도가 부유하거나 아주 중요한 서원일 것이다.

(1) 자기 집을 바치기로 서원하는 경우(14-15절)

①가축을 서원하는 경우처럼 제사장이 그 집값을 정한다(11-13절). ②바친 자가 도로 무르려면 집값의 오분의 일을 더 내야 한다. 이는 함부로 경솔하게 서원하면 하나님을 속이는 것이기 때문이다.

신약시대 성령을 속인 신성 모독죄로 아나니아와 삽비라가 사망했다
(행 5:1-11). ③그 집이 팔리지 않을 때는 제사장이 하나님의 소유로
만들어 처분했다.

(2) 토지를 바치기로 서원하는 경우(16-25절)

여기에는 두 가지 경우가 있다. 부모로부터 유산으로 받은 토지
(16-21절)와 자기가 구매한 토지(22-25절)의 경우다. 조상으로부터
기업으로 물려받은 전토라면 '지계표(גְּבוּל · 게불 · landmark)'를 옮
기지 말라는 전승·유전에 따라(신 19:14, 27:17, 잠 22:28, 23:10)
서원물로 삼을 수 없으나 자기가 구매한 땅은 된다. 그러나 하나님께
서원하는 것은 지계표도 되었다. 이는 조상의 기업보다 하나님의 영
광과 그 소유권이 우선이었기 때문이며 사실 조상의 기업도 하나님
의 것이기 때문이다.

(3) 이런 경우도 있다.

①서원으로 바친 그 땅을 타인에게 팔았을 경우다. 희년이 되면 그
땅은 원주인에게 돌려지게 되는데 그 경우 토지의 주인은 성전의 것
(제사장)이 된다. 제사장은 그 땅을 팔아 성전의 재산이 되도록 했
다. ②토지를 드리기로 서원한 자가 그것을 무르려고 할 때는 앞의
사례처럼(15절) 그 토지값에 오분의 일을 하나님께 드려야 한다. ③
토지를 드리기로 서원하는 경우, 제사장은 토지를 거래하는 부동산
업자가 아니기 때문에 그 값만큼 팔아서 현금(세겔)으로 제사장에게

드려야 한다. 그때 이스라엘에서는 그 땅에 뿌려진 종자의 양을 따라 땅의 면적을 계산한 것이다(16절).

셋째, 처음 난 가축과 이미 바쳐진 것의 서원법(26~29절)

하나님께 서원예물로 바칠 수 없는 것은 ①초 태생의 가축(26-27절) ②서원이 있기 전에 먼저 하나님께 드려진 물건이나 가축, 사람, 토지(28-29절) ③십일조(30-34절)이다. 이것을 서원 예물로 삼을 수 없는 것은 이미 서원이 있기 전부터 하나님의 것이라고 규정되어 있기 때문이다(창 14:17-20, 출 13:1-2, 12-15, 민 3:13, 8:16-17, 18:15, 신 15:19) 이미 하나님께 바쳐진 것은 그 어떤 것이라도 매매나 무르거나 줄 수가 없다.

이 규례는 다음과 같은 교훈을 준다. ①하나님은 천지창조의 순리와 질서의 하나님이시기 때문에 아무리 크고 귀중한 서원이라도 본래부터 정해진 하나님의 소유물과 겹치는 것을 원하지 않는다. ②아무리 서원하는 자가 하나님께 드리고 싶은 서원 예물이 있어도 하나님의 서원법에 맞지 않으면 다른 헌물의 규례에 맞춰 드려야 한다. 하나님께서는 이미 있는 것에 더 보태려는 물욕을 갖지 않으신다. 탐욕은 제2의 우상숭배이다(골 3:5). ③서원하는 자가 하나님의 계명과 규례는 생각하지 않고 자기 야욕만 생각하고 드리는 헛된 서원물은 절대 응답하지 않는다(약 1:5-8, 3:13-16, 4:1-3).

넷째, 십일조의 규례(30~34절)

십일조도 서원 예물로 바칠 수 없는 것은 하나님께 드려졌기 때문이다. 어느 화폐, 가축, 농산물, 선물 등의 십분의 일은 당연히 하나님의 것이기 때문에 서원예물이 될 수 없다.

성경에서 십일조의 기원은 아브라함이 살렘왕 멜기세덱에게 전리품의 십일조를 바친데서부터 시작된다(창 14:20, 히 7:4). 두 번째는 야곱이 벧엘에서 하나님께 십일조 서원 기도를 하였으나(창 28:22) 실행한 것은 수십 년이 지난 후였다(창 35:14-15). 이 십일조가 성문화(成文化)된 것은 모세 때부터다(민 18:21-22, 신 14:22-29).

십일조가 처음에는 주로 농작물에 관한 것이었으나(민 18:24-31) 어떤 때는 본문처럼(32절) 가축에도 적용되었다. 예수님도 바리새인과 서기관의 외식적인 십일조는 꾸짖었으나 십일조 신앙 제도만큼은 인정하시므로 먼저 정의와 긍휼과 믿음을 가지고 실행하면서 십일조도 해야 할 것을 말씀하셨다(마 23:23).

◈ 십일조의 유래 ◈

성경에서 말하는 십일조의 유래는 아브라함이 살렘왕 멜기세덱에게 전리품 중에서 십 분의 일을 드림으로 시작되었다(창 14:17-20, 히 7:4-10). 야곱이 벧엘에서 하나님께 십일조를 서원하였다가(창 28:18-22) 20년 후에 드렸다(창 35:14-15). 그러나 그 기록은 구약성경의 기록일 뿐, 고대 근동의 여러 나라에서는 아브라함보다 500~800년 전부터 십일조가 있었던 것으로 전해진다.

십일조는 '마세(מַעֲשֵׂר · 마아쎄르)'로 '열 중의 하나'라는 개념이다. 라틴어(decima), 헬라어(δεκάτος · 데카토스, 히 7:3)는 '신에게 드리는 예물로 전리품의 십일조 중 하나를 드리는 것' 것을 뜻한다.

이것은 고대 근동국가인 바벨론, 애굽, 앗수르, 아랍, 페르시아, 페니키아, 헬라, 메데, 파사 등 수 많은 나라가 소득의 십 분의 일을 떼어 자기 신에게 먼저 드렸고, 왕궁에 드렸던 기록이 바벨론의 고대 역사와 앗수르의 실형 문자 토판에 나온다. (henry lansdell, the scared tenth or studies in tithe giving ancient and morden grand, rapids 1955. pp.1-38). 페르시아인들은 서원의 형식으로 십의 이조를 드렸고, 두로 왕은 자기 백성들에게 명령하여 십일조를 내라고 독려했다. 우라릿에서 십일조는 왕의 토지를 경작하는 모든 백성에게 부과된 일종의 세금이기도 했다.

애굽에서는 가축, 노예, 귀중한 쇠붙이와 전리품의 십일조를 구별하여 자신들에게 전쟁의 승리와 번영, 창성을 가져다준 태양신 '라'에게 바쳤는데 모세보다 1500년 앞섰다. 아브라함보다 무려 930년 전이다.

십일조는 동양사의 기록에서도 밝혀진다. 고대 중국에서는 한나라, 은나라, 주나라에서도 드렸다고 맹자는 기록했다. 우리나라의 경우 조선왕조실록에 중국의 십일조 조세법이 일찍부터 시행되었다고 기록되어 있다(세종실록 제11권, 기원후 1418-1450년). 이러한 십일조 조세 제도는 고려 시조 태조 왕건 때부터 중국에서 도입하여 시행한 것으로 전해진다. 이 외에도 많은 십일조 문헌들이 있으나 지면 관계상 생략한다. 저자의 '말라기'(십일조 사상 연구, 말 3:10을 바로 잡아 해석함) 해석을 참고하라.

아브라함이 하나님께 드린 십일조는 어떤 의미가 있는가?

(1) 아브라함의 십일조는 그 시대 고대 근동의 풍습이었다. 틀림없이 아브라함의 조상들이 거주했던 갈대아 우르에서는 달의 여신 '루나(Luna)'에게 십일조를 드렸을 것이다. 아브라함도 부친 데라를 따라 갈대아 우르에서 여신 루나에게 십일조를 했을 것으로 본다.

(2) 하나님께서 아브라함을 불러 메시아의 조상으로 삼겠다는 소명

을 따라 언약의 땅 가나안에 와서는(창 12:1-3) 루나 대신에 여호와 하나님을 섬겼고, 그때부터 하나님께만 십일조를 드린 것으로 봐야 한다.

(3) 아브라함이 멜기세덱의 하나님께 십일조를 드렸다면 그때부터 여호와 하나님이 아브라함의 유일한 신이 되셨고 아브라함은 하나님의 신자가 되었다. 그리고 메시아의 조상이 된 것이다(시 110:1-7).

◈ 십일조의 구속사 ◈

성경뿐만 아니라 인류 최초로 하나님께 십일조를 드린 사람은 아브라함이다. 아브라함이 하나님께 십일조를 했다는 것은 고대 근동에 수많은 신이 있었지만, 하나님만 자기 신으로 모셨다는 증거다. 그때부터 여호와 하나님은 아브라함의 신(神)이 되셨고, 아브라함은 하나님의 신자(神子)가 되었다. 그렇다면 십일조에서 드러나는 구속사는 무엇인가?

1. 그리스도만 창조주 하나님이시다.

아브라함의 조상들이 거주했던 갈대아 우르(창 11:31)에는 달의 신 '루나'가 있었고 그 여신에게 십일조를 드렸다. 아브라함이 이주했던 가나안에는 바알과 아세라가 있었다. 아브라함이 가나안 땅에서 멜기세덱에게 십일조를 드린 것은(창 14:18-20) 달의 여신 루나도, 바알과 아세라도 아브라함의 신이 아니라 오직 예수 그리스도만 그의 메시아요, 창조주 하나님으로 섬겼기 때문이다. 이때 멜기세덱은 살렘왕이요, 대제사장으로 구약시대에 처음 등장하신 메시아 그리스도이다.

2. 그리스도만 만유의 주재자시다.

아브라함이 소돔과 고모라의 전쟁에서 승리한 전리품 중에서 십일조를 드린 것은 여덟 나라의 것이었다(창 14:1-2, 17-20절). 이는 예수님만이 천하 만민 모든 나라의 주되심을 상징한다. 칼빈주의(Calvinism) 원리는 하나님 주권 사상으로 그리스도만이 '만유의 주'이심을 나타낸다(롬 11:36 ὅτι ἐξ αὐτοῦ · 호티 엑스 아우투 For of him, καὶ δι' αὐτοῦ · 카이 디 아우투 and through him, καὶ εἰς αὐτὸν τὰ πάντα · 카이 에이스 아우톤 타 판타 and to him, are all things. KJV). '만물의 원인(ἐξ · 엑스 · origin)', '만물의 경로(δία · 디아 · course)', '만물의 끝(εἰς · 에이스 · end)' 이 그리스도에게만 있다는 주인의식이다. 예수 그리스도는 만물의 창조주, 우주 만물의 주권자시니 온 인류는 그분께만 십일조를 드려야 한다는 청지기 사명이다(27:30, 대상 29:11-18).

3. 그리스도만 구속자시다.

아브라함이 멜기세덱에게 십일조를 드린 것은 그분만이 아브라함 자신의 구속주이심을 깨달았기 때문이다. 그때 멜기세덱은 떡과 포도주를 가지고 와서 아브라함과 그의 가신을 먹이면서 축복했다(창 14:17-20). 그리스도만이 아브라함과 대를 이어 구속사의 주 되심을 보여 준다. 비단 기독교뿐만 아니라 모든 종교가 시주를 하고 봉납(捧納)하는 것은 자기 신(우상)이 구원해줄 것으로 믿는 것이다. 하지만 저주만 더 심하고 종국은 불구덩이 뿐이다(사 44:9-20)

이 세상 모든 인간·인류의 주님은 오직 예수님 뿐이다. 그분만이 골고다 십자가의 보혈로 구속하신 만유의 주시며 우리의 구속자시다. 십일조를 드리는 자는 이런 신앙으로 해야 된다.

4. 그리스도만 우리와 영원히 함께 계신다.

아브라함이 멜기세덱에게 십일조를 드릴 때, 비단 아브라함뿐만 아니라 그 자손들까지도 참여했다(히 7:9-10). 그렇기 때문에 아브라함이 그리스도로 말미암아 천국에 들어갔다면 아브라함의 믿음에 속한 자도 그리스도의 나라에 동참하게 될 것을 가리킨다(요 8:52-58, 롬 4:15-25, 갈 3:6-9). 예수님도 말씀하셨다. "또 너희에게 이르노니 동서로부터 많은 사람이 이르러 아브라함과 이삭과 야곱과 함께 천국에 앉으려니와"(마 8:11). 아브라함이 멜기세덱에게 드린 십일조가 단순한 것이 아닌 복합적인 뜻이 있는 것처럼 우리가 드리는 십일조에도 깊은 구속사가 들어있다.

저자 **이준일** 목사

광신대(14회), 총신신대원(68회), 숭실원(A.L.P 1회),
성경통독 4,450회(2019년 8월 현재)

섬김의 직책

숭실대 기독교문화연구소 성경 담당 / 기독교학술원 / 개혁신학회 감사 /
구속사 성경신학연구원장 / 동인천노회 성민교회 은퇴목사

연구현황

– 구속사 신약성경주해 완필, 구속사 성경해석과 설교집필중(역대상·하까지)
– 구속사 성경해석과 설교 창세기 출간, 하늘기획, 구속사성경신학연구원
– 구속사 성경해석과 설교 출애굽기 출간
– 구속사 성경해석과 설교 레위기 출간
– 구속사 성경해석과 설교 민수기, 신명기 출간 예정

저자 연락처

인천광역시 서구 가정로 387, 113동 1604호 (e편한세상 하늘채A)
032) 576-5294 구속사 성경 신학 및 교리 문의는 월–금요일, 12시-2시까지

구속사 성경신학연구회 연구모임

때 : 매월 세째주 금요일 9:30am-4:00pm
곳 : 인천광역시 서구 경서로 25번길 10 서해안교회 비전홀

섬기는 이들

이 사 장 김동형 목사 (서해안교회 / 동인천노회) 010-3305-5788
서 기 장 원태경 목사 (서부중앙교회 / 동인천노회) 010-5234-4867
사무총장 김동천 목사 (주현교회 / 한남노회) 010-2902-2662
출판국장 유석희 목사 (신현동부교회 / 한남노회) 010-3343-1309
편집위원 박찬영 목사 (꿈의교회 / 동인천노회) 010-8470-0895

구속사 성경해석과 설교
- 레위기 -

발　　행 ｜ 초판 1쇄 2019년 9월 20일

지 은 이 ｜ 이준일

편집위원 ｜ 김동형 · 원태경 · 김동천 · 유석희 · 박찬영

편 집 처 ｜ 구속사성경신학연구원

펴 낸 곳 ｜ 하늘기획

마 케 팅 ｜ 이숙희 · 최기원

관 리 부 ｜ 이은성 · 한승복

북디자인 ｜ 최수정

주　　소 ｜ 서울시 중랑구 상봉동 136-1 성신빌딩 B1

등록번호 ｜ 제6-0634호

I S B N ｜ 978-89-92320-38-2

총　　판 ｜ 하늘물류센터

전　　화 ｜ 031-947-7777

팩　　스 ｜ 0505-365-0691

※정가는 뒷 표지에 있습니다.

※잘못 만들어진 책은 구입한 곳에서 친절히 바꾸어 드립니다.